Lustige Spiele mit Kleinkindern

Lustige Spiele mit Kleinkindern

Herausgegeben von
Daniela Maag

Im FALKEN Verlag sind zahlreiche Bücher zum Thema Spiele erschienen.
Sie sind überall dort erhältlich, wo es Bücher gibt.

Der Text dieses Buches entspricht den Regeln
der neuen deutschen Rechtschreibung.

Dieses Buch wurde auf chlorfrei gebleichtem
und säurefreiem Papier gedruckt.

Gekürzte und überarbeitete Ausgabe des Titels
„Fröhliche Spiele für Kleinkinder" (Nr. 9867)

Originalausgabe
ISBN 3 635 60477 1

© 1998 by FALKEN Verlag, 65527 Niedernhausen/Ts.

Umschlaggestaltung: Rincón[2] Design & Produktion, Köln
Redaktion: Sabine Weeke
Herstellung: Beate Müller-Behrens
Titelbild: Bavaria Bildagentur, Düsseldorf/VCL
Zeichnungen: FALKEN Archiv, Falco Honnen, Troisdorf
Satz: Raasch & Partner GmbH, Neu-Isenburg
Druck: Freiburger Graphische Betriebe GmbH, Freiburg

098670195X817 2635 4453 62

Inhalt

Vorwort

Kleine Kinder wollen beschäftigt werden. Nicht selten entwickeln sie sich zu echten Plagen, um Mutti und Vati zum Mitspielen zu bewegen. Diese lassen sich dann auf ein Spiel ein, um endlich ihre Ruhe zu haben.

Aber dabei kann es auch Erwachsenen Spaß machen, mal wieder so richtig wie ein Kind herumzutollen, mit Knetmasse und Rasierschaum herumzumatschen oder auf Kochtöpfen den Rhythmus von fröhlichen Liedern zu schlagen. Vielfach ist es nur eine gewisse Angst, sich lächerlich zu machen. Geben Sie sich einen Ruck: Wahrscheinlich wollen Sie nach einer Weile gar nicht mehr Zeitung lesen oder fernsehen. Vielleicht macht es Ihnen so viel Spaß mal wieder Kind zu sein, dass Sie die „erwachsenen Dinge" völlig vergessen.

Und damit die Ausrede nicht gilt: „Mir fällt gar kein Spiel ein!", haben wir in dieser Sammlung Spiele zusammengetragen, die sowohl drinnen als auch draußen gespielt werden können. Sie finden ruhige Spiele, aber auch solche, bei denen es garantiert hoch hergehen wird. Mal sind nur zwei bis drei Teilnehmer notwendig, manchmal kann aber auch eine ganze Rasselbande beschäftigt werden.

Die meisten Spiele lassen sich mit wenig Aufwand und Vorbereitung realisieren. Die Materialvorgaben sind nicht zwingend und können durch alternative Gegenstände ausgetauscht werden.

Wir wünschen viel Vergnügen!

Abzählen und Auslosen

Unerlässlich, wenn sich mehrere Kinder zum Spielen treffen, sind Abzählreime und Auslosspiele – sei es, um Mannschaften zu bilden, sei es, um einen Mitspieler auszudeuten, der die „Blinde Kuh" spielt, die anderen beim Versteckspiel sucht oder sonst eine Aufgabe übernimmt.

Wichtig ist dabei, dass Abzählreime kurz und einprägsam sind und Auslosspiele nicht zu lang sind – denn das eigentliche Spiel soll schnell beginnen.
Damit nicht immer die Gleichen verwendet werden, haben wir einige altbekannte, aber auch lustige neue aufgeschrieben.

Abzählreime

Eins, zwei, drei,
du bist frei!
Gib dich drein,
du mußt's sein!

Eins, zwei, drei,
Butter in den Brei,
Salz auf den Speck,
du mußt weg!

Eins, zwei, drei, vier, fünf,
mach dich auf die Strümpf',
mach dich auf die Schuh',
sonst bist's du!

Eins, zwei, drei, vier, fünf,
strick mir ein paar Strümpf'!
Nicht zu groß und nicht zu klein,
sonst muß du der (die) Nächste
sein!

Eins, zwei, drei, vier, fünf,
der Storch hat rote Strümpf'.
Der Frosch, der hat kein Haus,
und du bist raus!

Eins, zwei, drei, vier, fünf, sechs,
sieben,
eine alte Frau kocht Rüben,
eine alte Frau kocht Speck,
und du bist weg!

Eins, zwei, drei, vier, fünf, sechs,
sieben,
wo ist denn mein Schatz geblieben?
Er ist nicht hier, er ist nicht da,
er ist wohl in Amerika.

Ich bin Peter,
du bist Paul,
ich bin fleißig,
du bist faul.
Eins, zwei, drei,
du bist frei!

Ene, mene, miste,
es rappelt in der Kiste.
Ene, mene, meck,
und du bist weg!

Ene, mene, minke,
die Kuh frisst keine Schminke,
ene, mene, muh,
und raus bist du!

Der Kreis ist rund,
da läuft ein Hund,
da steht eine Kuh,
und raus bist du!

Auf dem Berge Sinai
wohnt der Schneider Kikriki.
Schaut mit seiner Brille raus:
Eins, zwei, drei,
und du bist draus!

Hinter Mauern, Bäumen, Hecken
wollen wir uns jetzt verstecken.
Bei den Riesen, bei den Zwergen
wollen wir uns jetzt verbergen.
Schließet eure Augen zu,
als dann komm, und suche du!

Auslosen

Zahl oder Wappen

Für dieses Auslosespiel benötigt
man nur eine Geldmünze. Die
Spieler müssen sich festlegen, ob
sie Zahl oder Wappen haben wollen. Dann wird die Münze hoch-
geworfen. Liegt das Wappen oben,
darf der anfangen, der auf Wappen
gesetzt hat.

Streichholzziehen

Hierfür benötigt man so viele
Streichhölzer, wie Kinder mitspielen. Eines davon wird um die
Hälfte gekürzt. Der Spielleiter oder
ein Mitspieler hält alle Hölzer so
in einer Hand, dass nur noch die
Köpfchen herausschauen. Nacheinander darf jedes Kind sich ein
Streichholz ziehen. Wer das gekürzte erwischt, fängt an.

Auswürfeln

Ist ein Würfel greifbar, so kann
man auch auswürfeln, wer anfängt.
Nacheinander muss jeder Mitspieler würfeln. Wer die höchste Punkt-
zahl wirft, darf anfangen.

Welche Hand gewinnt?

Hierfür benötigt man einen kleinen
Gegenstand, der sich gut in einer
Hand verstecken lässt. Ein Mitspieler umschließt zum Beispiel einen
Stein mit seiner Faust und versteckt
beide Hände hinter dem Rücken.
Dort kann er den Stein austauschen.
Nun nimmt er beide Fäuste vor den
Körper, und das andere Kind muss
sich für eine Hand entscheiden. Ist
darin der Stein, so fängt der Rater
an. War die Hand leer, so darf der
andere beginnen.

Spiele für die Allerkleinsten

Im Alter von zwei bis drei Jahren sind Kinder dabei, ihre Umwelt zu erobern. Sie entdecken ihre Sinne und machen Erfahrungen, die ihr kommendes Leben prägen. Ihre Bewegungen werden kontrollierter, Dinge, die bis zu diesem Zeitpunkt nicht gelangen, funktionieren jetzt.

Außerdem werden andere Kinder als Spielkameraden entdeckt und erste Freundschaften geschlossen. Elementare Spiele in diesem Alter sind beispielsweise Fingerspiele, Schmusespiele, Spiele mit Gegenständen sowie Spiele, die die Sinne trainieren.

Mumienstreicheln

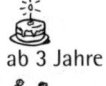

ab 3 Jahre

mindestens 3,
besser mehr
Teilnehmer

drinnen

1 Bettlaken

Zunächst wählen wir mit einem Abzählreim ein Kind aus, das vor die Tür gehen muss. Die anderen Spieler verstecken sich nun unter das Bettlaken. Sie müssen sich ganz still verhalten, wenn das Kind wieder hereingerufen wird! Es darf nun nacheinander die „Mumien" knuffeln und streicheln. Die Kinder unter der Decke müssen dabei ganz leise sein und sich nicht durch Kichern, Lachen oder andere Laute verraten.

Hat der „Mumienstreichler" doch herausgefunden, wen er gerade geknufft hat, darf das nächste Kind nach draußen gehen. Dies könnte der Spieler sein, der zuerst oder als Letztes erraten wurde. Und dann beginnt das Mumienstreicheln von vorne.

Kuschelkreis

ab 2 Jahre

mindestens 5,
besser mehr
Teilnehmer

drinnen

Wir setzen uns alle dicht hintereinander in einen Kreis auf den Boden. Der Spielleiter flüstert einem Kind einen Befehl ins Ohr, zum Beispiel „über die Haare streicheln". Das Kind führt diese Anordnung gleich aus. Auch der Vordermann reagiert entsprechend und beginnt das nächste Kind zu streicheln.

Auf diese Weise sind irgendwann alle Kinder damit beschäftigt, ihren Vordermann oder -frau zu streicheln. Nach einer Weile erfolgt eine neue Anweisung, und das Spiel beginnt von vorne.

Wer hat das Kuscheltier?

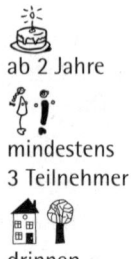

ab 2 Jahre

mindestens
3 Teilnehmer

drinnen

1 kleines
Kuscheltier,
Decken oder
Bettlaken

Zunächst kuscheln wir uns alle gemütlich unter eine Decke zusammen. Der Spielleiter steckt einem Kind dabei unauffällig das kleine Kuscheltier zu, das dieses irgendwo am Körper versteckt: Dies kann beispielsweise unter dem Pullover, im Hosenbein, unter dem Po oder unter den Achseln sein.

Auf ein Kommando hin beginnen wir alle mit der großen Suche: Wo ist das Kuscheltier? Da es sicherlich dabei ziemlich wild zugehen wird, kann man das Spiel zunächst so spielen, dass immer nur ein Kind suchen darf. Aber egal wie Sie vorgehen: auf jeden Fall wird das Gekichere und Gegluckse groß sein!

Aufräumspiel

ab 3 Jahre

unbegrenzt

drinnen

1 Krepp-
klebeband

Welche Mutter kennt nicht dieses Problem: Die Kinder haben keine Lust nach dem Spielen ihre Sachen aufzuräumen. Mit diesem Spiel wird es ihnen sogar noch Spaß machen! Hierzu kleben wir quer durch das Kinderzimmer mit dem Kreppklebeband eine Abwurflinie. Auf der einen Seite der Linie – etwa 2 m entfernt – stellen wir unsere Spielkisten. Dann räumen wir aus allen Ecken des Kinderzimmers unser Spielzeug und legen es zu einem großen Berg auf die andere Seite des Klebebandes. Nun werfen wir Stück für Stück in die Kisten. Die Spielsachen dürfen natürlich nicht zerbrechlich sein!

So macht das Aufräumen allen Kindern Spaß. Auch die Größeren werden sich freiwillig an dem Aufräumspiel beteiligen.

Zauberer-Spiel

ab 2 Jahre

beliebig viele
Teilnehmer

drinnen

1 Zauberstab
(zum Beispiel
1 Kochlöffel,
der bunt be-
klebt wurde)

Der Spielleiter ist als erstes der Zauberer. Er hält den Zauberstab in den Händen und verzaubert seine Mitspieler. Diese
müssen ihm dann alles nachmachen: auf einem Bein hüpfen,
rückwärts laufen, auf allen Vieren herumkrabbeln oder als
„Vogel" herumzufliegen usw.
Lässt der Zauberer allerdings seinen Zauberstab fallen, so
sind die Kinder entzaubert und müssen ganz schnell in eine
zuvor verabredete Zimmerecke oder hinter eine markierte
Linie flüchten. Wen er dabei erwischt, ist in der nächsten
Runde der Zauberer. Das gefangene Kind erhält den Zauberstab, und das Spiel beginnt von vorne.

ab 2 Jahre

mindestens
2 Teilnehmer

drinnen oder
draußen

Zappelmänner

Die „Zappelmänner" sind ebenfalls eine Fingerspiel, das auf
eine große Tradition zurückblicken kann.
Auch die Regeln dieses Spieles sind sehr einfach: Während
die Verse gesprochen werden, werden die Hände vom Körper
etwas weggehalten, die Finger gespreizt und mit den Händen
gezappelt. Alle anderen Bewegungen werden in den Versen
beschrieben.
„Zehn kleine Zappelmänner zappeln hin und zappeln her,
zehn kleinen Zappelmännern fällt das gar nicht schwer.
Zehn kleine Zappelmänner, zappeln auf und zappeln nieder,
zehn kleine Zappelmänner tun das immer wieder.
Zehn kleine Zappelmänner zappeln ringsherum,
zehn kleinen Zappelmännern scheint das gar nicht dumm.
Zehn kleine Zappelmänner spielten mal Versteck,
(hier die Hände hinter den Rücken verstecken)
zehn kleine Zappelmänner sind auf einmal weg!"

Wozu sind die Füße da?

ab 3 Jahre

beliebig viele
Teilnehmer

drinnen oder
draußen

Wir stellen uns alle gegenüber in zwei Reihen auf, und zwar so, dass wir uns dabei ansehen. Nun geht die erste Gruppe zur anderen Gruppe hin und zurück und singt dabei die Frage „Wozu sind die Füße da? …" Die zweite Gruppe antwortet singend, indem sie auf ihrem Platz bleibt, aber mit dem Fuß kräftig auf den Boden stampft.

Beim nächsten Vers darf sich die zweite Gruppe auf die erste zubewegen, wobei nun ein anderer Körperteil besungen wird.

Anbei einige Verse die jedoch auf weitere Körperteile ausgedehnt werden können:

„Wozu sind die Füße da, Füße da, Füße da?
Wozu sind die Füße da, wozu sind sie da?
Die Füße sind zum Stampfen da, Stampfen da, Stampfen da.
Die Füße sind zum Stampfen da, dazu sind sie da!

Wozu sind die Hände da, Hände da, Hände da?
Wozu sind die Hände da, wozu sind sie da?
Die Hände sind zum Klatschen da, …

Wozu sind die Arme da, Arme da ….
Die Arme sind zum Schwingen da, ….

Wozu sind die Beine da, Beine da …
Die Beine sind zum Hüpfen da, …

Wozu ist die Nase da, Nase da …
Die Nase ist zum Zupfen da, …

Wozu sind die Augen da, Augen da …
Die Augen sind zum Rollen da, …"

Brückenspiel

ab 3 Jahre

beliebig viele
Teilnehmer

drinnen oder
draußen

Für die erste Runde dieses Spieles wählen wir zunächst zwei Mitspieler aus. Diese stellen sich gegenüber auf und fassen sich an den Händen. Dann heben sie die Arme und bilden so ein Tor Durch dieses müssen die anderen Kinder nun gehen, während wir alle gemeinsam ein Lied singen. Ist dieses zu Ende, wird das Kind gefangen, das gerade unter dem Tor steht. Dieses löst eines der Torkinder ab, und das Spiel beginnt von vorne.

Für dieses Spiel wurden verschiedene Lieder überliefert:
„Ziehe durch, ziehe durch,
durch die goldene Brücke!
Sie ist entzwei, sie ist entzwei,
wir wollen sie wieder flicken.
Mit was denn, mit was denn?
Mit Steinerle, mit Beinerle!
Was gebt ihr uns zum Lohne?
Eine golden Krone.
Zieht alle durch, zieht alle durch!
Den Letzten wollen wir fangen
mit Spießen und mit Stangen!"

„Macht auf das Tor! Macht auf das Tor!
Es kommt ein goldener Wagen.
Was will er denn? Was will er denn?
Er will die/den (hier folgt der Name des gefangenen Kindes) haben!"

Lach-Gang

ab 2 Jahre

beliebig viele
Teilnehmer

drinnen oder
draußen

Alle, die bei diesem Spiel mitmachen wollen, stellen sich in zwei Reihen gegenüber auf. Nun nehmen wir alle unsere Hände auf den Rücken. Zuvor haben wir den ersten Kandidaten für den Lach-Gang ausgewählt. Dieser versucht nun, durch den Gang zu gehen, ohne zu lachen. Dies ist gar nicht so leicht, denn wir geben uns die größte Mühe, ihn zum Lachen zu bringen!

Wichtig ist, dass alle ihre Hände auf den Rücken behalten und kein Wort sprechen.

Wer es schafft, ohne eine Miene zu verziehen durch den Lach-Gang zu gehen, erhält natürlich eine Belohnung. Anschließend darf ein anderes Opfer einen Versuch unternehmen.

Kitzelschlucht

ab 2 Jahre

beliebig viele
Teilnehmer

drinnen oder
draußen

Wir stellen uns alle in zwei Reihen so gegenüber auf, dass wir uns ansehen können. Auf diese Weise bilden wir einen Gang bzw. eine „Schlucht". Der Abstand zwischen den Kindern sollte so groß sein, dass sie sich mit den Händen berühren könnten.

Nun wählen wir mit Hilfe eines Abzählreimes unser erstes „Opfer" aus. Dieses muss auf Zehenspitzen und mit den Händen in die Hüften gestemmt durch diese Kitzelschlucht flitzen. Die Kinder versuchen natürlich dies zu behindern, indem sie das Opfer kitzeln.

Ein festes Ziel oder Ergebnis hat die Kitzelschlucht nicht. Aber es macht allen Beteiligten immer sehr viel Spaß – und dies nicht nur den Kindern!

In den Brunnen gefallen

ab 1 Jahr

2 Teilnehmer

drinnen oder
draußen

Dieses Fingerspiel kann man schon mit den Allerkleinsten,
zum Beispiel beim Wickeln spielen. Obwohl das Kind hierbei eine passive Rolle hat und eigentlich nur seine Hand zur
Verfügung stellt, macht es ihm sicherlich riesigen Spaß.
Und wenn es größer ist, kann es das Spiel ja mit Muttis
oder Vatis Hand machen.
Die Regeln sind ganz einfach: Mutti sagt einen überlieferten
Vers auf und deutet dabei abwechselnd auf die fünf Finger
der kleinen Hand, beim Daumen beginnend:
„Der ist in den Brunnen gefallen,
der hat ihn wieder rausgeholt.
Der hat ihn ins Bett gelegt,
der hat ihn zugedeckt,
und der kleine Schelm da
hat ihn wieder aufgeweckt.“

Pflaumenschütteln

ab 1 Jahr

2 Teilnehmer

drinnen oder
draußen

Bei diesem Fingerspiel sagt der Erwachsene einen Vers auf,
den schon unsere Großeltern kannten. Dabei werden entweder nach und nach die Finger der Hand des Kindes um-
gelegt oder auf den jeweiligen Finger gedeutet.
„Das ist der Daumen,
der schüttelt die Pflaumen,
der liest sie auf,
der trägt sie nach Haus,
und der kleine Schelm
isst sie alle auf!“

Hüpft ein Floh!

ab 1 Jahr

2 Teilnehmer

drinnen oder
draußen

Dieses althergebrachte Fingerspiel bereitet auch heute noch allen Kindern ein großes Vergnügen.

Hierzu nimmt der Erwachsene die Hand des Kindes in seine eigene. Dabei sollte der kleine Arm sanft gestreckt werden. Zu den Zeilen des Verses „passiert" nun etwas: Zunächst krabbeln die Finger am Handgelenk beginnend langsam den Arm hinauf. Zur vorletzten Zeile springen die Finger plötzlich auf die Nase des Kindes und kitzeln diese.

„Kommt eine Maus,
die baut ein Haus,
kommt eine Mücke,
die baut 'ne Brücke,
kommt ein Floh,
der macht so –!"

Zupf Härchen!

ab 1 Jahr

2 Teilnehmer

drinnen oder
draußen

Für dieses Fingerspiel kann man sich als „Opfer" auch ein Baby beim Wickeln aussuchen. Zu jeder Zeile des überlieferten Verses wird dabei eine andere Stelle des kleinen Gesichtes berührt:

„Kinne Wippchen,
(am Kinn krabbeln)
rote Lippchen,
(über die Lippen streichen)
Stuppelnäschen,
(sanft die Nase berühren)
Augenbräunchen,
(die Augenbrauen berühren)
zupf, zupf, zupf mein Härchen!"
(an den Haaren zupfen)

Gewitter

ab 2 Jahre

mindestens
2 Teilnehmer

drinnen

1 Tisch

Fingerspiele, bei denen Geräusche erzeugt werden, gefallen kleinen Kindern am besten. Das „Gewitter-Spiel" macht Kindern noch mehr Spaß, wenn ganz viele mitmachen. Denn dabei geht es so richtig „tosend" zu! Ein sinnvoller Nebeneffekt dieses Spieles ist es, dass die Kinder ihre Angst vor Gewitter etwas verlieren können.

Wenn die Kinder die Bewegungen noch nicht so gut kennen, sollte ein Erwachsener sie vormachen, während er die Zeilen spricht. Die Kinder machen sie dann nach. Wurde das Gewitter schon oft gespielt, so sagen die Kleinen sicherlich das Gedicht selbst vor und machen die Bewegungen mit.

Für das Gewitter-Spiel setzen wir uns alle rund um einen Tisch. Dann geht es los:

„Es tröpfelt,
(mit zwei Fingern jeder Hand auf den Tisch klopfen)
es regnet,
(mit vier Fingern klopfen)
es gießt,
(lauter klopfen)
es hagelt,
(mit den Knöcheln der Finger, noch lauter)
es blitzt,
(Zischgeräusche machen und den Blitz mit den Händen in die Luft malen)
es donnert.
(mit den Fäusten auf den Tisch trommeln oder in die Hände klatschen)
Alle laufen schnell nach Hause,
(die Hände auf den Rücken legen, eventuell dann um den Tisch herumlaufen)
und morgen scheint die warme Sonne wieder!
(mit den Händen einen großen Kreis beschreiben)

Kniereiter

ab 1 Jahr

mindestens
2 Teilnehmer

drinnen oder
draußen

Kniereiter-Spiele sind beliebt, benötigen keine Hilfsmittel und sind einfach nachzumachen.
Ein Erwachsener setzt ein Kind rittlings auf seine Knie und hält es an den Händen. Während der Vers aufgesagt wird, kann man das Kind entweder hin und her wiegen oder – indem die Füße auf die Spitze gestellt und auf und ab bewegt werden – hoppeln lassen. Bei den letzten Worten des Verses wird das Kind weit nach hinten fallen gelassen, wobei man natürlich die Hände des Kindes festhält.
Für Kniereiter gibt es viele althergebrachte Verse.
Nachfolgend einige Beispiele:

„Hoppe, hoppe, Reiter,
wenn er fällt, dann schreit er.
Fällt er in den Graben, fressen ihn die Raben.
Fällt er in den Sumpf,
macht der Reiter plumps!"

„Hoppe, hoppe, Reiter,
wenn er fällt, dann schreit er.
Fällt er in den Teich,
find't ihn keiner gleich.
Fällt er in die Hecken,
fressen ihn die Schnecken,
fressen ihn die Müllermücken,
die ihn vorn und hinten zwicken.
Fällt er in den tiefen Schnee,
dann gefällt's ihm nimmermehr.
Fällt er in den Graben,
fressen ihn die Raben.
Fällt er in den Sumpf,
dann macht er einen Plumps."

„Hopp, hopp, hopp zu Pferde,
wir reiten um die Erde.
Die Sonne reitet hinterdrein.
Wie wird sie abends müde sein.
Hopp, hopp, hopp!"

„Hopp, hopp, ho, Mann,
zieh dem Pferd die Zügel an,
zieh sie nicht so lange an,
dass das Kind auch reiten kann,
hopp, hopp, hopp,
… und plumps!"

„Hopp, hopp, hopp,
Pferdchen lauf Galopp,
über Stock und über Steine,
aber brich dir nicht die Beine!
Immer im Galopp,
hopp, hopp, hopp, hopp, hopp!"

Verschwundene Hände

ab 2 Jahre

unbegrenzt

drinnen

Die „verschwundenen Hände" kann man schon mit den ganz Kleinen spielen. Ist das Kind noch zu klein, so kann die Mutter oder der Vater es ihm vormachen. Sind die Kinder groß genug, so machen Sie das nach, was der Spielleiter ihnen zeigt.

Die Regeln sind ganz einfach: Bei diesem Spiel werden immer diejenigen Körperteile versteckt und gezeigt, die im folgenden Lied besungen werden:

„Meine Hände sind verschwunden,
(die Hände werden hinter dem Rücken versteckt)
ich habe keine Hände mehr –
seht, da kommen meine Hände wieder her –
(die Hände vor den Körper halten und damit wackeln)
Tra la la la la la la – la la la!"

Nach und nach kann man so die Augen, die Ohren, die Nase, die Füße usw. verschwinden lassen, indem die Kinder dann den jeweiligen Körperteil bedecken oder unter einen Stuhl oder Tisch verstecken.

Für das Lied gibt es übrigens keine festgelegte Melodie. Jeder kann sich aus seiner Phantasie heraus eine eigene „komponieren".

Fröhliche Lauf- und Fangspiele

Sobald das Wetter es erlaubt, wollen Kinder im Freien spielen. Denn dort haben sie weitaus mehr Bewegungsfreiheit und können so richtig schön herumtoben. Wenn sie dann erschöpft, aber zufrieden und glücklich ins Haus zurückkehren, finden die Eltern die liebsten Kinder vor.

In diesem Kapitel finden Sie eine große Auswahl an Lauf- und Fangspielen. Denn immer die Gleichen zu spielen, macht keinem Kind Spaß!

Ausbrecher-Spiel

3 bis 5 Jahre

mindestens 3,
besser mehr
Teilnehmer

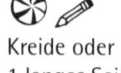

draußen

⊗ ✎

Kreide oder
1 langes Seil

Das Ausbrecher-Spiel kann man auf einer Wiese oder in einer Spielstraße spielen. Ist der Ort des Geschehens eine Wiese, so legen wir ein langes Seil in Form eines großen, rechteckigen Spielfeldes aus. Wollen wir auf geteerter Fläche spielen, so malen wir mit Kreide das Spielfeld auf. In die Mitte zeichnen (oder legen) wir ein kleines Quadrat – dieses ist das Gefängnis. Dahinein werden zwei „böse" Ganoven gesteckt, die von der Verbrecherbande befreit werden sollen. Um das Gefängnis patrouilliert ein Polizist.

Die Bandenmitglieder versuchen nun, die Knastinsassen durch Abklatschen zu befreien. Werden sie von dem Gefängniswärter erwischt, dann müssen sie ebenfalls in das Gefängnis.

Das Spiel ist beendet, wenn alle Ganoven befreit oder wenn alle Bandenmitglieder in das Gefängnis gesteckt wurden. Beim nächsten Durchgang spielt dann das Kind den Polizisten, das als Erstes erwischt wurde.

Wer fängt das Seil?

2 bis 5 Jahre

mindestens 3,
besser mehr
Teilnehmer

🏠🌳

draußen

⊗ ✎

1 Springseil

Dieses Spiel ist einfach in seinen Regeln und macht auch den Kleinsten Spaß!

Ein Kind hält das eine Ende des Seils fest, das andere liegt auf dem Boden. Jetzt läuft das Kind mit einem kleinen Vorsprung los und zieht das Seil schlängelnd hinter sich her. Alle anderen Teilnehmer dieses Spiels laufen hinter dem „schlängelnden" Kind her und versuchen nun, das Seilende zu schnappen. Der Läufer muss aber das Seil so bewegen, dass die Jäger es auch schnappen können! Wer als Erstes das Seil festhalten kann, darf als Nächstes mit dem Seil losrennen.

Wäscheklammer-Jagd

3 bis 6 Jahre

mindestens 5, besser mehr Teilnehmer

draußen

Wäsche- klammern

Je nachdem wie viele Kinder mitspielen, ernennen wir zwei bis vier Kinder zu Fängern. Sie bekommen mehrere Wäsche- klammern, die sie an ihre Pullover oder T-Shirts festklemmen. Auf ein Kommando rennen die Kinder ohne Klammern los und die Fänger hinterher. Wenn diese eines der weglaufen- den Kinder erreichen, so versuchen sie eine Wäscheklammer anzuklemmen. Dabei dürfen die Klammern natürlich nicht herunterfallen. Passiert dies doch, so muss ein neuer Versuch gestartet werden. Aber bitte im Eifer des Spieles nicht zu sehr an der Kleidung der anderen herumreißen! Ziel des Spieles ist, dass einer der Fänger als Erstes alle Klam- mern loswird.

Dreibein-Fangspiel

ab 4 Jahre

mindestens 6 Teilnehmer

draußen

Tücher

Dieses Spiel macht sehr viel Spaß! Zunächst wählen wir ein Spielfeld von etwa 5 m Seitenlänge aus. Nun bilden wir Gruppen von jeweils zwei Spielern. Dabei ist zu beachten, dass die Paare in etwa gleich groß sind. Die beiden Kinder stellen sich seitlich nebeneinander, so dass sich die Schultern berühren. Jetzt werden die innen befindlichen Beine knapp über dem Knie mit einem Tuch zusammengebunden. Vor- sicht: Nicht zu fest, damit das Band nicht einschneidet! Alle Paare springen dann in das Spielfeld, und eines wird als Fänger ausgewählt. Dieses versucht gemeinsam hüpfend ein anderes Paar abzuschlagen. Gelingt es, so wird dieses zum Fängerpaar, und das Spiel beginnt von vorne.

Eisenbahnstaffel

4 bis 6 Jahre

mindestens 8,
besser mehr
Teilnehmer

draußen

Vor dem Spiel werden mindestens zwei Gruppen gebildet. Machen mehr als acht Kinder mit, so können es auch mehrere Mannschaften sein. Damit das Spiel richtig Spaß macht, sollten zu einer Gruppe immer mindestens vier Kinder gehören.

Die Gruppen stellen sich an einer Startlinie auf. Auf ein Kommando rennt das erste Kind zu einem entfernt liegenden Ziel, umrundet es, kommt zurück und schlägt den zweiten Läufer an. Dieser legt nun beide Hände auf die Schulter des ersten Kindes, und gemeinsam laufen sie die Strecke ab. Immer mehr Kinder werden abgeholt und bilden zusammen eine Eisenbahn. Natürlich muss diese auch die entsprechenden Laute von sich geben! Der Zug, der als erstes die Ziellinie überquert, hat gewonnen.

Um das Spiel noch interessanter zu gestalten, kann man einen richtigen Hinternisparcours anlegen, der überwunden werden muss: Eimer, über die man hüpfen muss; ein Baumstamm, auf dem die Eisenbahn „fährt"; ein Baum oder Busch, der zu umrunden ist usw. Falls unterwegs ein Waggon verloren geht, muss die Lokomotive diesen wieder einsammeln!

Raupenspiel

ab 3 Jahre

je mehr, desto
besser

drinnen oder
draußen

Machen mehr als sechs Kinder bei diesem Spiel mit, so kann man zwei oder drei Gruppen bilden. Die Kinder einer Mannschaft stellen sich mit gespreizten Beinen hintereinander auf. Alle halten sich mit den Händen an den Schultern des Vordermannes fest.

Auf ein Kommando hin, beginnt das letzte Kind durch die Beine der anderen zu krabbeln. Ist es vorne angekommen, so stellt es sich mit gespreizten Beinen vor die anderen Raupenglieder auf, und das nächste Mannschaftsmitglied setzt das Spiel fort.

Wenn es bei diesem Spiel nur eine Gruppe gibt, so kann man die Zeit messen, die die Raupe benötigt, um von einem Ort zum anderen zu gelangen. Machen mehrere Mannschaften mit, so kann man vor Beginn des Spieles festlegen, was das Ziel ist. Die Raupe, die dann als Erstes die Ziellinie überschreitet, hat gewonnen.

Übrigens: Besonders viel Spaß macht das Raupenspiel, wenn auch Mama und Papa, Oma und Opa oder andere Erwachsene mitmachen!

Böser Mann

ab 3 Jahre

mindestens 5, besser mehr Teilnehmer

draußen

Kreide

Bei diesem Spiel treffen wir uns alle auf einen großen Platz (vielleicht auf dem Schulhof?). Auf zwei gegenüberliegenden Seiten malen wir jeweils ein Feld auf. Nun wird eines der Kinder zum „Bösen Mann" gewählt. Dieser steht in dem einen Feld, die restlichen Kinder in dem anderen. Jetzt ruft der Böse Mann: „Wer fürchtet sich vor dem Bösen Mann?" Die Kinder antworten: „Niemand!" Daraufhin der Böse Mann: „Wenn er aber kommt?" Die Kinder: „Dann laufen wir davon!"

Nach diesem Ruf rennen alle los und versuchen, das gegenüberliegende Feld zu erreichen. Der Böse Mann versucht nun die Kinder zu fangen. Dies ist erst dann erfolgreich, wenn er einem Kind drei Schläge gibt. Diese Gefangenen müssen ihm beim nächsten Durchgang helfen. Das Kind, das übrig bleibt, ist der nächste Böse Mann.

Abschlagen

ab 4 Jahre

mindestens 4, besser mehr Teilnehmer

draußen

Bevor wir mit dem Abschlagen-Spiel beginnen, legen wir genau das Spielfeld fest. Nun wird ein Mitspieler zum „Abschläger" bestimmt. Dieser muss eines der Kinder, die sich frei im Feld bewegen dürfen, abschlagen. Der Abgeschlagene wird dann der neue Abschläger.

Damit das Spiel nicht langweilig wird, können wir es in vielen Variationen spielen:

1. Zuvor vereinbaren wir einen sicheren Ort, zum Beispiel einen Baum oder einen Gegenstand, wohin sich die Verfolgten vor dem Abschläger retten können. Fassen sie diesen an oder halten sie sich daran fest, so können die Kinder nicht abgeschlagen werden.

2. Eine andere Variante des Spieles ist, dass der Abschläger einen bestimmten Körperteil treffen muss, zum Beispiel das rechte Bein. Trifft er ein Kind an dieser Stelle, so muss dieses auf dem linken Bein herumhopsen, bis es ein anderer Mitspieler abschlagen kann.

3. Anstelle eines sicheren Ortes können wir auch festlegen, dass ein verfolgtes Kind sich zu einem anderen Mitspieler retten kann. Dann muss es laut „Rette mich!" rufen, woraufhin der Mitspieler ihm die Hand reicht. Hat das verfolgte Kind seine Hand erfasst, bevor es abgeschlagen wurde, so ist es gerettet.

Fischer-Spiel

ab 4 Jahre

mindestens 5 Teilnehmer

Für dieses Spiel benötigen wir ein rechteckiges Spielfeld, das ungefähr 8 x 10 Meter groß ist.

Bevor es losgeht, werden drei Kinder zu Fischer und stellen sich an der schmalen Seite des Spielfeldes auf. Indem sie sich an den Händen festhalten, bilden sie ein Fischernetz.

draußen

Die restlichen Kinder sind die Fische. Sie gehen an die andere Seite des Spielfeldes und „schwimmen" los. Die Fischer müssen nun versuchen, einen oder mehrere Fische zu fangen, indem sie sie mit dem Netz umschließen. Wurde ein Fisch gefangen, so wird er automatisch zu einem Teil des Fischernetzes, das heißt, er fasst ebenfalls einen der Fischer an den Händen.

Im Laufe des Spieles wird das Netz immer länger, und die Fische haben es immer schwerer, das rettende Ufer zu erreichen.

Verstecken spielen

2 bis 5 Jahre

mindestens 5, besser mehr Teilnehmer

drinnen oder draußen

Verstecken spielen macht draußen am meisten Spaß. Man kann sich aber natürlich auch sehr gut in der Wohnung verstecken.

Die Regeln dieses Spiels sind sehr einfach: Ein Spieler wird zum Fänger ernannt. Dieser stellt sich mit dem Gesicht an eine Wand, an einen Baum oder an einen Zaun und beginnt langsam und deutlich bis zwanzig zu zählen. Die anderen Kinder verstecken sich in dieser Zeit hinter den Mülltonnen, einem Busch oder Baum, in eine Garageneinfahrt und und und …

Jetzt geht die Suche los. Hat der Fänger jemanden gesehen, so läuft er ganz schnell an den Abzählplatz zurück und schlägt an. Dabei muss er den Namen des Kindes rufen, das er erkannt hat, und wo es sich befindet. Zum Beispiel: „Michael! Rauskommen! Hinter der Mülltonne von Müllers!" Das entdeckte Kind hat jedoch die Chance, sich freizuschlagen. Dazu muss es vor dem Fänger am Abzählplatz ankommen und anschlagen. Dabei sollte es laut „Frei!" rufen.

Blinde Kuh

2 bis 5 Jahre

mindestens 5, besser mehr Teilnehmer

drinnen oder draußen

Hals- oder Kopftuch

Blinde Kuh ist ein wahrer Klassiker unter den Kinderspielen. Schon Generationen haben sich hierbei vergnügt. Viele Variationen sind möglich. Im Allgemeinen sind folgende Regeln einzuhalten:
Ein Mitspieler wird durch einen Abzählreim als Blinde Kuh bestimmt. Um die Kuh – oder den Stier – erblinden zu lassen, binden wir ihm ein Tuch um die Augen. Damit wir auch sicher sein können, dass die Kuh wirklich nichts sieht, fuchteln wir ihr vor den Augen herum. Ist die Kuh wirklich „blind", kann das Spiel beginnen.
Die Blinde Kuh wird jetzt mehrmals um die eigene Achse gedreht und dann losgelassen. Nun muss sie versuchen, einen der Mitspieler zu fangen. Diese weichen natürlich aus. Ganz flinke Kinder können die Blinde Kuh ärgern, indem sie sie kneifen oder kitzeln. Wird ein Kind gefangen, so muss es im nächsten Durchgang die Blinde Kuh spielen.
Eine andere Variation des Spieles kann folgendermaßen gehen: Die Blinde Kuh wird gedreht. Die Kinder verteilen sich und dürfen sich dann nicht mehr von der Stelle rühren. Erlaubt ist lediglich, dass sie mit dem Körper ausweichen.

Blindekuh mit Glocke

ab 3 Jahre

beliebig viele Teilnehmer

drinnen oder draußen

Diese Form des Blindekuh-Spieles unterscheidet sich grundsätzlich von der ursprünglichen Variante. Während bei dieser nur einem Kind die Augen verbunden werden, erhalten hier alle – bis auf eins – ein Tuch vor die Augen. Das noch sehende Kind bekommt eine Glocke. Mit dieser muss es läuten, und die „blinden Kühe" versuchen dann, es zu fangen. Dabei kommt es sicherlich zu urkomischen Situationen, wenn sich die Kühe gegenseitig erhaschen!

pro Spieler
1 Tuch,
1 Glocke

Wem es gelingt, das Kind mit der Glocke zu fangen, darf die Augenbinde ablegen. Damit werden dem gefangenen Spieler die Augen verbunden. Die Glocke wird dem Fänger übergeben, und das Spiel beginnt von vorne.

Tigerball

ab 4 Jahre

mindestens
7 Teilnehmer

drauen

1 Ball

Tigerball macht kleinen und großen Menschen viel Spaß! Zunächst bilden wir alle einen Kreis. Zwischen den einzelnen Mitspielern sollte aber mindestens zwei Schritte Abstand bleiben. Einer der Kinder stellt sich in den Kreis – er ist in dieser Runde der Tiger. Seine Aufgabe ist es, den Ball zu schnappen, den die Kinder sich zuwerfen. Diese müssen ihn so geschickt werfen, dass der Tiger ihn nicht fangen oder sonstwie erwischen kann. Gelingt es ihm doch, den Ball zu erhaschen, so muss derjenige in den Kreis, der den Ball geworfen hat – er ist nun der Tiger.

Das Spiel erlaubt viele Varianten: Machen sehr viele Kinder mit, so können auch zwei Tiger in die Mitte. Oder man spielt mit den Füßen: Der Ball wird nach rechts, links oder geradeaus gekickt, flach oder halbhoch, vielleicht sogar mit dem Kopf? Dabei lernt man, richtig mit einem Ball umzugehen.

Luftballonrennen

ab 3 Jahre

beliebig viele
Teilnehmer

drinnen oder
draußen

2 Luftballons

Zunächst bilden wir zwei Gruppen. Die Mitglieder jeder Gruppe stellen sich hintereinander auf, wobei dazwischen jeweils ein Schritt Abstand eingehalten werden muss. Der vorderste Mitspieler hält den Luftballon in Händen. Auf ein Kommando hin muss er diesen über den Kopf hinweg an seinen dahinter stehenden Nachbarn weiterreichen. Umdrehen ist nicht erlaubt! Ist der Luftballon beim letzten Kind angekommen, so läuft dieses mit dem Ballon nach vorne in die Reihe, und das Spiel beginnt von vorn. Die Mannschaft, deren Mitglieder zuerst alle einmal den Platz gewechselt haben, hat gewonnen.

Tierball

ab 4 Jahre

beliebig viele
Teilnehmer

draußen

1 Ball

Bevor wir mit diesem Spiel beginnen, erhält jedes Kind einen Tiernamen. Dann stellen wir uns zu einem engen Kreis zusammen. Ein Teilnehmer bekommt den Ball und wird als Erster der „Werfer" sein. Er wirft nun den Ball in die Höhe und ruft dabei einen Tiernamen. Das Kind, das auf diesen Namen hört, muss den Ball auffangen – dabei darf er ruhig auch mal auf dem Boden auftippen. Die anderen laufen derweil nach allen Richtungen davon. Hat es ihn gefangen, so ruft er laut „Stopp!", und alle Teilnehmer müssen auf der Stelle stehen bleiben.

Jetzt darf der Werfer zwei Schritte auf denjenigen zu machen, der ihm am nächsten steht, und versuchen, diesen mit dem Ball abzuwerfen. Gelingt es ihm, so scheidet der Getroffene für die nächste Runde aus. Misslingt es, so bleiben alle Teilnehmer im Spiel und ein neuer Durchgang beginnt.

Neckball

ab 3 Jahre

beliebig viele
Teilnehmer

draußen

1 Ball

Wir bilden alle einen Kreis, wobei der Abstand zwischen den einzelnen Spielern nicht zu groß sein sollte. Dann wählen wir mit Hilfe eines Abzählreims einen Spieler aus, der in die Mitte gehen muss. Nun werfen sich die Kinder gegenseitig den Ball zu und der „Mittelfeldspieler" muss versuchen, den Ball zu fangen. Damit ihm dies nicht so leicht gelingt, sollte man schön hoch werfen oder auch einmal nur einen Wurf antäuschen usw.

Hat der Spieler in der Mitte den Ball gefangen, so muss er mit diesem einen Mitspieler abwerfen. Diese dürfen jedoch in alle Richtungen davonrennen, weshalb es gar nicht so leicht ist, zu treffen. Gelingt es ihm doch, so muss dieser Spieler in die Mitte, und das Spiel beginnt von vorne.

Tauziehen

ab 5 Jahre

beliebig viele
Teilnehmer

draußen

1 Seil,
1 Kreide

Vor Beginn dieses Spieles teilen wir die Mitspieler in zwei Gruppen auf. Dann malen wir mit der Kreide eine Linie. Auf dieser muss die Hälfte des Seiles zum Liegen kommen. Wichtig: Das Seil muss stabil sein und darf nicht aus Kunstfasern bestehen, sonst besteht Verletzungsgefahr an den Händen. Es muss der Belastung, der es ausgesetzt wird, unbedingt gerecht werden!

Die beiden Gruppen stellen sich jeweils rechts und links von der Mittellinie auf und fassen das Seil fest in beide Hände. Auf ein Startkommando hin ziehen beide Gruppen an ihrem Seilende und versuchen die gegnerische Mannschaft über die Linie zu ziehen.

Sicherlich wird die unterlegene Gruppe eine Revanche fordern. Deshalb kann man zu Beginn ausmachen, dass das gesamte Spiel über mehrere Runden geht.

Ochs am Berg

ab 3 Jahre

beliebig viele Teilnehmer

draußen

Zunächst legen wir eine Spielfläche fest. Diese sollte etwa 5 m lang und 3 m breit sein. Nun stellen wir uns alle auf der einen schmalen Spielseite auf. Ein zuvor durch einen Auszählreim ausgewählter Spieler begibt sich an die andere Schmalseite und kehrt uns den Rücken zu. Während er folgenden Spruch ruft, schleichen wir uns vorsichtig an ihn heran:

„Ochs am Berg, eins, zwei, drei!"

Danach dreht er sich ganz schnell um und alle Kinder müssen zu Salzsäure erstarren. Wer sich in diesem Moment noch bewegt, der muss ausscheiden. Anschließend dreht sich der „Ochse" wieder um, und das Spiel beginnt von vorne.

Wer als Erstes den Spieler berührt, übernimmt in der nächsten Runde seine Rolle.

Räuber und Gendarm

ab 4 Jahre

beliebig viele Teilnehmer

draußen

mehrere Hals- oder Kopftücher

Räuber und Gendarm ist ein Klassiker unter den Kinderspielen! Bereits unsere Großeltern haben es mit Begeisterung gespielt.

Vor Beginn teilen wir die teilnehmenden Kinder in zwei Mannschaften auf. Die eine Gruppe spielt die Räuber, die andere die Gendarmen. Letztere erhalten als Erkennungsmerkmal ein Tuch um den rechten Oberarm gebunden. Außerdem erhalten die Gendarmen noch ein paar zusätzliche Tücher, die sie zum Beispiel in die Hosentasche stecken können.

Nun geht es los: Die Räuber verteilen sich im zuvor festgelegten Gelände, wofür sie etwa 30 Sekunden Zeit bekommen. Dann schwärmen die Gendarmen aus, um sie zu fangen. Wurde ein Räuber ertappt, so wird er vom Fänger zum Hilfspolizisten ernannt. Als Symbol erhält er ebenfalls ein Tuch um den rechten Oberarm gebunden.

Das Spiel dauert so lange, bis nur noch ein Räuber übrig bleibt. Dieser erhält eine Siegesprämie, weil er sich am längsten gegen die Übermacht der Gendarmen behaupten konnte.

Blinzeln

ab 4 Jahre

mindestens
5 Teilnehmer
(die Zahl
muss unge-
rade sein)

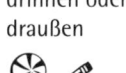
drinnen oder
draußen

Stühle

Bevor das Spiel losgeht, werden die Stühle im Kreis aufgestellt. Jeweils ein Kind setzt sich auf einen Stuhl, ein anderes stellt sich dahinter. Nur ein Kind bleibt allein hinter einem Stuhl stehen – der Blinzler.

Die hinter dem Stuhl stehenden Kinder haben die Aufgabe, ihren Vordermann oder ihre Vorderfrau am Ausreißen zu hindern. Denn der Blinzler muss einem der vorne Sitzenden zublinzeln, was so viel heißt wie: „Komm zu mir!" Diesem „Aufruf" muss sofort Folge geleistet werden!

Damit es das hinten stehende Kind nicht so einfach hat, seinen Vordermann festzuhalten, muss es seine Hände auf dem Rücken verschränken. Es darf erst dann nach dem Sitzenden greifen, wenn dieses sich rührt, also davonlaufen will.

Hat der Blinzler einen Partner gewonnen, so stellt sich dieser hinter ihn. Jetzt ist derjenige der Blinzler, der nun keinen Vordermann/-frau mehr hat.

Gordischer Knoten

ab 5 Jahre

mindestens
8 Teilnehmer

draußen

Alle Teilnehmer bilden zunächst einen großen Kreis. Dann schließen sie die Augen und gehen mit ausgestreckten Armen zur Mitte hin. Wird ein anderer Mitspieler berührt, so muss man seine Hand nehmen und festhalten. Dann sucht der Spieler sich eine weitere Hand. Nach einer Weile fragt der Spielleiter, ob jeder zwei Hände gefunden hat. Ist dies der Fall, so dürfen nun alle wieder die Augen öffnen. Ganz sicher ist die Überraschung groß, wenn wir feststellen müssen, dass unsere Hände und Arme zu einem großen Knoten verschlungen sind.

Die Aufgabe besteht nun darin, dieses Knäuel zu entwirren. Dabei dürfen aber nicht die Hände der anderen Mitspieler losgelassen werden! Mit ein wenig Geduld gelingt es, allmählich den Knoten aufzulösen. Zum Schluss stehen alle Kinder wieder im Kreis und halten sich noch immer an den Händen.

Lustige Konzentrationsspiele

Es ist nicht leicht, Kinder für eine längere Zeit auf eine Sache zu konzentrieren. Da kann es schnell passieren, dass die Lust auf ein Spiel verflogen ist und die Kinder nur noch darauf warten, etwas anderes machen zu dürfen.

Mit den Konzentrationsspielen in diesem Kapitel gelingt es Ihnen garantiert, die kleine Rasselbande „festzuhalten". Die Spiele machen Spaß, und dabei kann so richtig schön herumgealbert werden.

Der Erfolg – die Kinder für eine Zeit auf etwas zu konzentrieren – ist Ihnen gewiss.

Vorsicht Kuscheltier!

2 bis 5 Jahre

mindestens
5 Teilnehmer

drinnen

1 Kuscheltier,
1 Radio oder
1 Kassetten-
recorder

Wir stellen uns alle in einen Kreis auf, und zwar so, dass wir möglichst dicht beieinander bleiben. Nun wird die Musik angemacht, und ein Kuscheltier wird von Kind zu Kind weitergegeben.

Dabei ist es wichtig, dass wir es ganz schnell wieder loswerden. Denn wenn die Musik stoppt, muss der Spieler ausscheiden, der zu diesem Zeitpunkt das Kuscheltier hat oder berührt. Es gilt nicht, den Bären oder den Hasen auf den Boden zu werfen, wenn die Musik stoppt! Dieses Kind scheidet dann ebenfalls aus!

Natürlich können auch andere Gegenstände als ein Kuscheltier bei diesem Spiel verwendet werden. Es sollte sich nur leicht fassen lassen und schön weich sein, damit auch die Kleinsten mitspielen können.

Festival der Tiere

ab 4 Jahre

mindestens
5 Teilnehmer

drinnen oder
draußen

auf Pappe
geklebte Tier-
bilder (jedes
Tier mehr-
mals)

Jedes Kind zieht vor Beginn des Spieles ein Tierbild. Auf ein Kommando hin ahmen wir nun alle die Bewegungen und Laute des jeweiligen Tieres nach. Ruft der Spielleiter „Stopp!", so müssen sich die entsprechenden Tiere zu einer Gruppe zusammenfinden. Steht dabei ein Elefant bei der Gruppe der Kühe, so muss er leider ausscheiden. Beim nächsten Durchgang werden die Tierbilder neu verteilt (man kann natürlich auch Bilder mit neuen Tieren nehmen), und das Spiel beginnt von vorne.

Nachdem wir das Tierfestival einige Zeit gespielt haben und es dabei natürlich so richtig schön laut zuging, kann der Spielleiter den Kindern einiges über die Tiere erzählen.

Oder die Teilnehmer können selbst berichten, was sie schon wissen.

Ringlein, Ringlein, du musst wandern

ab 4 Jahre

mindestens
5 Teilnehmer

drinnen

1 Schnur,
deren Länge
den mit-
spielenden
Kinder ange-
passt ist,
1 Ring

Zunächst fädeln wir den Ring auf die Schnur. Diese knoten wir dann an den Enden zusammen. Jetzt setzen sich alle Kinder auf den Boden und bilden einen Kreis. Einer der Teilnehmer wird ausgewählt und lässt sich in die Mitte nieder. Die Kinder singen nun folgendes Lied:
„Ringlein, Ringlein, du musst wandern
von der einen Hand zur andern.
Oh, wie schön, oh, wie schön
ist das Ringlein anzusehn"!
Während des Singens wird der Ring unauffällig von Faust zu Faust weiter- oder auch zurückgeschoben.
Das in der Mitte sitzende Kind muss herausfinden, wo sich der Ring im Moment befindet. Hat es einen Verdacht, so ruft es laut „Stopp!" und deutet auf das Kind, das den Ring gerade haben soll. Ist seine Vermutung bestätigt, so muss nun das Kind in die Mitte, bei dem sich der Ring befand.

Wo ist die Trillerpfeife?

ab 3 Jahre

mindestens
3 Teilnehmer

drinnen oder
draußen

1 Trillerpfeife
mit Schnur,
1 Halstuch

Einem Kind, das dieses Spiel noch nicht kennt, werden mit dem Tuch die Augen verbunden. Dann hängen wir diesem die Trillerpfeife so um, dass sie auf dem Rücken baumelt – es darf es aber nicht merken!
Dem Kind mit den verbundenen Augen stellen wir nun die Aufgabe, herauszufinden, wo die Pfeife versteckt ist. Immer wieder schleicht sich ein anderes Kind an und bläst in die Trillerpfeife. Der Spieler wird sich ganz bestimmt auf das nächste Kind stürzen und behaupten, dass es die Pfeife hat. Aber natürlich wird er sie dort nicht finden. Es dauert sicher eine ganze Weile, bis er entdeckt, dass er sie selbst umhängen hat!

Wer hat den Ball?

ab 4 Jahre

mindestens
5 Teilnehmer

drinnen oder
draußen

1 Tennisball

Alle teilnehmenden Kinder setzen sich dicht nebeneinander in einen Kreis. Ein Kind wird ausgewählt und geht in die Mitte. Dann nehmen alle ihre Hände auf den Rücken. Der Spielleiter drückt unauffällig einem der Teilnehmer den Ball in die Hand, den dieser entweder rechts oder links herum weitergibt. Das Kind in der Mitte beobachtet aufmerksam das ganze. Meint es zu wissen, wo der Ball gerade steckt, so ruft es laut „Stopp!" und deutet auf das jeweilige Kind. Stimmt das, so muss dieses Kind in die Mitte, und das Spiel fängt von vorne an.
Eine weitere Variation des Spieles kann sein, dass der Ball nur einmal herumgeht. Ist er beim ersten Kind wieder angekommen, ohne dass der Ball entdeckt wurde, so muss der Suchende eine weitere Runde in der Mitte bleiben.

Küssen erlaubt

ab 2 Jahre

mindestens
6 Teilnehmer

drinnen

verschiedene
Lippenstifte

Vor diesem Spiel werden zwei Gruppen gebildet. Die Teilnehmer der einen dürfen sich die Lippen dick mit Lippenstift bemalen, die andere Gruppe bleibt ungeschminkt. Nun verteilen wir uns alle im Raum, und das Licht wird gelöscht. Die erste Gruppe versucht nun, so viele Kinder wie möglich aus der anderen zu küssen. Nach einiger Zeit sehen wir uns unsere Opfer an. Alle sichtbaren Spuren eines Kusses werden gezählt.
In der zweiten Runde darf sich die andere Gruppe die Lippen schminken, und das Spiel geht von vorne los. Es hat die Gruppe gewonnen, die die meisten Küsse für sich verbuchen kann. Und welcher Preis wird an die Sieger vergeben? Natürlich erhält jedes Kind der Siegergruppe einen Schokokuss!

Alle Vöglein fliegen hoch!

ab 3 Jahre

je mehr, desto besser

drinnen oder draußen

Alle Teilnehmer setzen sich im Kreis. Das Ziel dieses Spieles ist ganz einfach: Wir wollen uns gegenseitig reinlegen! Die Regeln versteht jeder Mitspieler sofort: Zunächst trommeln wir alle leise mit den Zeigefingern auf den Tisch. Bei bestimmten Dingen, die der Spielleiter nennt, müssen wir die Arme heben. Hier ein Beispiel:

Zunächst sagen wir ganz laut: „Alle Vöglein fliegen hoch!" Dabei strecken wir beide Arme hoch in die Luft, weil die Vöglein wirklich fliegen können. Weiter geht es: „Alle Flugzeuge fliegen hoch! Alle Spatzen fliegen hoch! Alle Meisen fliegen hoch! Alle Bienen fliegen hoch! Alle Elefanten fliegen hoch!"

Wer jetzt seine Arme hochgerissen hat, ist reingefallen. Natürlich können Elefanten nicht fliegen – bis auf Dumbo, und der gilt dieses Mal nicht. Alle, die die Arme hochgehoben haben, müssen nun entweder ausscheiden oder ein Pfand geben. Letzteres macht am meisten Spaß. Denn die Pfänder kann man dann bei einem anderen Spiel wieder auslösen.

Hänschen, piep einmal!

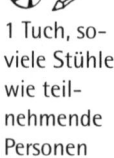

ab 4 Jahre

beliebig viele
Teilnehmer

drinnen oder
draußen

1 Tuch, so-
viele Stühle
wie teil-
nehmende
Personen

Zunächst stellen wir alle Stühle in einen Kreis auf. Darauf setzen sich die Kinder. Ein Spieler wird ausgeguckt und muss die blinde Kuh spielen. Ihm werden mit einem blickdichten Tuch die Augen verbunden, sodass er nichts mehr sieht.

Nun drehen wir die „Kuh" ein paar Mal im Kreis herum, damit sie die Orientierung verliert. Jetzt darf sie lostapsen, bis sie auf einen der sitzenden Spieler stößt. Die Kuh darf diesen betasten und dabei laut fragen: „Hänschen, piep einmal!" Das angesprochene Kind muss nun mit möglichst verstellter Stimme einen Laut von sich geben. Aber nicht dabei lachen, auch wenn es schwer fällt!

Errät die blinde Kuh, wen sie da vor sich hat, so werden die Rollen getauscht: Der erkannte Mitspieler muss in der nächsten Runde die Kuh spielen. Diese darf sich jetzt auf den frei gewordenen Platz setzen. Hat die blinde Kuh jedoch falsch geraten, so wird sie erneut gedreht und muss ein zweites Mal raten.

Stille Post

ab 5 Jahre

mindestens
5 Teilnehmer

drinnen oder
draußen

Wir setzen uns alle dicht beieinander in einen Kreis. Der Spielleiter flüstert einem Kind ganz schnell ein schwieriges Wort oder einen Satz ins Ohr, zum Beispiel: „Marions Meerschweinchen", „Edeltraut isst Sauerkraut" oder „Auf dem Gummiberg sitzt ein Gummizwerg". Der Mitspieler flüstert nun das, was er verstanden hat, seinem Nachbarn ins Ohr. So wandert das Wort oder der Satz von einem Ohr zum anderen. Nachfragen ist nicht erlaubt, keiner wiederholt das Geflüsterte – jeder gibt das Verstandene weiter, und sollte es noch so ein Unsinn sein.

Der letzte Mitspieler sagt laut, was er verstanden hat. Das Gelächter wird dann sicherlich sehr groß sein. Denn meist kommt etwas ganz anderes heraus, als der Spielleiter zu Beginn gesagt hat!

Schokoladenessen

ab 5 Jahre

beliebig viele Teilnehmer

drinnen

1 Tafel Schokolade, die in Papier eingepackt sein sollte, 1 Würfel, 1 Paar Handschuhe, 1 Mütze, 1 Schal, 1 Messer und 1 Gabel

Für dieses Spiel setzen wir uns alle rund um einen Tisch. In der Mitte liegt die verpackte Tafel Schokolade, daneben die anderen Gegenstände.

Nun geht das Spiel los: Wir würfeln reihum, wobei jeder drei Würfe hat. Wer eine 6 würfelt, zieht sich ganz schnell die Handschuhe an, legt sich den Schal um den Hals und setzt sich die Mütze auf. Dann darf er Messer und Gabel nehmen und damit beginnen, die Schokoladenverpackung aufzureißen. Das Ziel ist, an die Schokolade zu gelangen, möglichst viel abzuschneiden und in den Mund zu stecken. Würfelt jedoch währenddessen ein anderer Mitspieler eine 6, so muss er ihm alle Utensilien geben und dieser versucht sein Glück. Wird schon wieder eine 6 gewürfelt, bevor er mit der Mahlzeit begonnen hat, muss er trotzdem die Mütze, den Schal und die Handschuhe sowie das Besteck übergeben.

Das Spiel dauert so lange, bis die Schokolade aufgegessen ist. Hoffentlich hatten alle Glück und konnten recht oft eine 6 würfeln! Ist jemand dabei zu kurz gekommen, so findet sich sicherlich ein kleines Trösterchen.

Kennst du den kleinen Floh?

ab 4 Jahre

beliebig viele
Teilnehmer

drinnen oder
draußen

Wir setzen uns alle in einen Kreis entweder auf Stühle oder auf den Boden. Der Spielleiter eröffnet das Spiel, indem er seinen rechten Nachbarn fragt: „Kennst du den kleinen Floh?" Dieser wird wahrscheinlich „Nein!" sagen. Darauf erwidert der Spielleiter: „Der kleine Floh macht immer so" und tippt sich mit dem Zeigefinger an die Stirn (zeigt also einen „Vogel"). Der Nachbar muss nun die Frage nach rechts weitergeben, der Spielleiter tippt sich weiterhin an die Stirn. Die Frage geht nun reihum, bis alle dasitzen und mit dem Zeigefinger an die Stirn tippen. Jetzt nennt der Spielleiter eine neue Eigenschaft vom kleinen Floh, zum Beispiel Kopfschütteln, Kopfnicken, mit den Augen zwinkern, mit den Füßen wippen usw. Der Witz dabei ist, dass jede Bewegung zu der vorherigen dazukommt.

Zum Schluss sitzen wir alle mit dem Zeigefinger an die Stirn tippend, mit dem Kopf wackelnd, mit den Augen zwinkernd und mit den Füßen wippend da. Das sieht richtig lustig aus und macht uns viel Spaß!

Grün, grün, grün

ab 2 Jahre

beliebig viele
Teilnehmer

drinnen oder
draußen

Wir stellen uns alle hintereinander auf. Während wir das Lied singen, marschieren wir alle im Kreis herum. Beim Nennen der Farben zeigen die Kinder auf die besungene Farbe. Dies können Kleiderstücke oder Gegenstände aus der Umgebung sein. Die passenden Berufe zu den Farben können sich die Kinder selbst ausdenken. Nachfolgend werden einige Verse aufgelistet, die jedoch um weitere Farben und Berufe erweitert werden können:

„Grün, grün, grün sind alle meine Kleider,
grün, grün, grün ist alles, was ich hab.
Darum lieb ich alles, was da grün ist,
weil mein Schatz ein Jäger, Jäger ist.“

Schwarz: Schornsteinfeger
Rot: Feuerwehrmann
Blau: Polizeimann, Schlossermeister
Weiß: Doktor, Krankenpfleger, Maler
Bunt: Maler, Clown

Kommando Pimperle

ab 4 Jahre

beliebig viele
Teilnehmer

drinnen oder
draußen

Das Spiel ist in seinen Regeln zwar ganz einfach, erfordert jedoch von allen Beteiligten höchste Aufmerksamkeit!

Alle Mitspieler setzen sich um einen Tisch herum. Der Spielleiter gibt nun in wechselnder Reihenfolge Kommandos, die die Kinder und er selbst ausführen müssen:

Bei „Kommando Pimperle" wird mit den Fingern auf den Tisch getrommelt. Bei „Kommando hohl" dagegen wird mit der leicht gewölbten Hand auf den Tisch geschlagen. Ruft er jedoch „Kommando flach", dann wird mit der flachen Hand, und bei „Kommando Faust" mit der Faust auf den Tisch geschlagen.

Lässt der Spielleiter bei seinen Befehlen das Wort „Kommando" weg, so macht er zwar als Täuschung die jeweilige Bewegung vor, aber die Kinder dürfen ihre bisherige Bewegung nicht wechseln! Wer dabei einen Fehler macht, scheidet aus oder muss ein Pfand geben.

Tiere zeichnen

ab 5 Jahre

beliebig viele
Teilnehmer

drinnen

1 Schal oder
Tuch, mehrere
Bögen Papier,
Malstifte

Bei diesem Spiel müssen nacheinander alle Spieler versuchen, mit verbundenen Augen ein Tier zu malen.

Hierfür hat der Spielleiter einige Bilder von Tieren bereitgelegt. Diese sollten aber nicht zu schwierig zu zeichnen sein. Gut eignen sich zum Beispiel Mäuse, Schweine, Katzen, Hunde, Schlangen, Schmetterlinge, Enten usw. Das schönste Gemälde wird nach dem Spiel prämiert, und der Künstler erhält einen Preis.

Machen ganz kleine Kinder mit, so dürfen diese das entsprechende Tier erst einmal vorzeichnen. Dann haben sie schon ein wenig die Formen verinnerlicht, und das blinde Zeichnen fällt nicht mehr so schwer.

Spannende Rollenspiele

Schon ganz früh beginnen Kinder von alleine in Rollen zu schlüpfen und mit ihren Freunden diese gemeinsam zu spielen. Da wird mit den Puppen ein Kaffeeklatsch abgehalten, oder die Puppenmutter versorgt ihr Kind. Kleine Jungs sind berühmte Sportler oder Rennfahrer und demonstrieren dies geräuschvoll in ihrem Spiel.

Rollenspiele sind wichtige Hilfsmittel für die soziale Entwicklung jedes Kindes. In diesem Kapitel werden einige bekannte und weniger bekannte vorgestellt, die dem Kind begreiflich machen, dass es ein Teil eines Ganzen ist und dass bestimmte Sachen nur gemeinsam in einer Gruppe realisiert werden können.

Zeigt her eure Füße

ab 3 Jahre

unbegrenzt

drinnen oder
draußen

Alle Kinder stellen sich in einen Kreis auf. Dann machen sie passend zum Lied die Bewegungen nach. Zunächst strecken sie abwechselnd den linken und den rechten Fuß nach vorn. Bei der Stelle „sie waschen", tun alle Kinder so, als ob sie Wäsche waschen würden.
Das Lied ist altbekannt. Schon viele Generationen haben es gesungen und danach gespielt:
„Zeigt her eure Füße, zeigt her eure Schuh
und sehet den fleißigen Waschfrauen zu.
Sie waschen, sie waschen, sie waschen den ganzen Tag.
Sie waschen, sie waschen, sie waschen den ganzen Tag."

Das Lied wird wiederholt, aber „sie waschen" durch folgende Tätigkeiten ersetzt:
– sie wringen
– sie bügeln
– sie legen
– sie tanzen
– sie tratschen usw.

Elefanten-Spiel

ab 4 Jahre

mindestens
8 Teilnehmer

drinnen oder
draußen

Mit Hilfe eines Abzählreimes bestimmen wir, wer als Erstes den Elefanten spielen darf. Das auserwählte Kind hält mit einer Hand seine Nase fest und steckt dann durch das so entstandene Loch seinen anderen Arm – schon hat der Elefant einen Rüssel!
Das Ziel des Spieles ist, dass der Elefant mit seinem Rüssel eines der frei herumtollenden Kinder fangen muss. Gelingt ihm dies, so ist er frei. Der Gefangene muss sich ganz schnell einen Rüssel „ankleben" und selbst auf die Jagd gehen.

Das Elefanten-Spiel ist dann zu Ende, wenn alle außer Puste sind oder wenn alle Kinder einmal den Elefanten gespielt haben.

Es tanzt ein Bi-ba-butzemann

ab 3 Jahre

mindestens
5 Teilnehmer

drinnen oder
draußen

Zunächst wählen wir ein Kind aus, das den Butzemann spielen darf. Alle Kinder stellen sich in einen Kreis auf und klatschen in die Hände. Der Butzemann geht in die Kreismitte und hüpft zum ersten Teil des Liedes im Kreis herum. Im zweiten Teil macht er das nach, was im Lied beschrieben wird, im dritten dagegen darf er wieder herumhüpfen. Zum Schluss macht der Butzemann einen besonders großen Hopser auf ein anderes Kind zu; dieses darf dann den Butzemann spielen.

Das Lied „Es tanzt ein Bi-ba-butzemann" ist sehr alt. Auch viele Muttis und Vatis haben es schon gesungen:
„Es geht ein Bi-ba-butzemann in unserm Kreis herum, di-del-dum.
Es geht ein Bi-ba-butzemann in unserm Kreis herum, di-del-dum.
Er rüttelt sich, er schüttelt sich, er wirft sein Säckchen hinter sich.
Es tanzt ein Bi-ba-butzemann in unserm Kreis herum."

Tierpantomime

ab 5 Jahre

mindestens
5 Teilnehmer

drinnen oder
draußen

Das Spiel kann auf zweierlei Wege gespielt werden: Entweder denkt sich jedes Kind selbst ein Tier aus, das es pantomimisch darstellen will, oder aber es werden Zettel vorbereitet, auf denen Tierbilder aufgeklebt wurden, und jedes Kind muss sich ein Tier ziehen.

Nacheinander bestimmt der Spielleiter einen Teilnehmer. Dieser muss ohne Laute, nur mit Gesten und Körperhaltung ein Tier vorstellen. Die anderen Spieler müssen erraten, ob es ein Elefant, ein Affe, eine Schlange, ein Tiger, eine Ameise, eine Spinne, ein Hund usw. ist.

Das Kind, das am besten ein Tier dargestellt hat, erhält einen Preis. Die Kinder können gemeinsam entscheiden, wer der Sieger ist.

Sportarten raten

ab 5 Jahre

mindestens
5 Teilnehmer

drinnen oder
draußen

Bei diesem Spiel denkt sich zunächst jedes Kind eine Sportart aus, die es den anderen pantomimisch vorführen möchte. Der Spielleiter ruft dann nach und nach jedes Kind auf und dieses spielt dann die Sportart vor. Gut geeignet sind Fußball, Tennis, Schwimmen, Turnen, Rudern usw. Fällt einem Kind nichts ein, so hilft der Spielleiter ihm, eine Sportart zu finden.

Wer seine Pantomime am besten gemacht hat, erhält einen Preis. Oder aber, damit kein Kind traurig ist, bekommen alle Kinder als Belohnung einen Schokokuss.

Situationen raten

ab 5 Jahre

mindestens
5 Teilnehmer

drinnen oder
draußen

Ein oder zwei Kinder gehen vor die Tür und überlegen dort gemeinsam, welche Situation sie pantomimisch darstellen wollen. Dann kommen sie herein und beginnen mit ihrer Vorstellung. Die anderen Kinder müssen nun erraten, welche Situation gemeint war. Die Schauspieler dürfen anschließend bestimmen, wer als Nächstes drankommt.

Hier eine kleine Liste mit Situationen, die sehr einfach – auch von kleinen Kindern – pantomimisch aufgeführt werden können:

– Mutter und Vater füttern ein Kind
– Hausarbeiten, wie Staubsaugen, Kochen, Fensterputzen, Geschirr abspülen usw.
– „Männerarbeit", wie Nägel in die Wand hauen, ein Loch mit der Bohrmaschine bohren, ein Holz durchsägen usw.
– Schüler und Lehrer
– in den Urlaub fahren (mit dem Flugzeug oder dem Auto)

Witzige Spiele mit Gegenständen

Es muss nicht immer das teuerste Spielzeug sein, was Kinder zur Beschäftigung benötigen. Auch mit ganz alltäglichen Dingen, wie Töpfen, Stühlen, Tüchern, Decken oder aber Luftballons und Bällen lässt es sich wunderbar spielen.

Sie werden sehr schnell merken, dass die teuersten Plastikspielsachen, die vor kurzer Zeit noch unbedingt gekauft werden mussten, unbeachtet im Regal stehen bleiben!

Topfschlagen

2 bis 5 Jahre

mindestens
3 Teilnehmer

drinnen oder
draußen

1 Halstuch,
1 Kochtopf,
1 Kochlöffel

Topfschlagen ist ein Gutwetter- und ein Schlechtwetterspiel, man kann es sowohl draußen als auch drinnen spielen. Zunächst wird ausgewählt, wer als Erstes Topfschlagen darf. Hierzu kann man einen lustigen Abzählreim verwenden. Diesem ersten „Opfer" verbinden wir mit einem Halstuch die Augen. Nun wird leise der Kochtopf irgendwo hingestellt – gemeinerweise kann dies auch unter einem Schrank oder Stuhl sein. Unter den Topf legen wir etwas als Belohnung – ein kleine Tüte Gummibärchen oder einen Schokokuss. Der Topfschläger bekommt nun einen Kochlöffel in die Hand. Auf allen vieren kriechend muss er den Topf finden und feste draufschlagen.

Die Mitspieler können dem Topfschläger helfen, indem sie laut „warm!" rufen, wenn er sich dem Topf nähert, oder „kalt!", wenn er in die falsche Richtung krabbelt.

Knallköpfe

3 bis 6 Jahre

5, besser
mehr Teil-
nehmer

drinnen

Luftballons,
einige davon
jeweils in der-
selben Farbe

Vor dem Spiel blasen wir viele bunte Luftballons auf, die dann im Raum herumwirbeln. Dabei müssen wir darauf achten, dass einige davon jeweils in der gleichen Farbe sind. Auf ein Kommando hin laufen wir im Raum herum und werfen uns gegenseitig die Luftballons zu. Dabei darf es natürlich recht laut und fröhlich zugehen!

Der Spielleiter ruft nun plötzlich „Knallkopf zwei!" In diesem Moment müssen sich alle Kinder mit gleichfarbigen Luftballons zu Zweiergruppen zusammenfinden. Ruft der Spielleiter dagegen „Knallkopf vier!", so bilden die Kinder Vierergruppen.

Die Teilnehmer, die übrig bleiben, scheiden leider aus. Sie dürfen dann bei einem neuen Spiel wieder mitmachen.

Welcher Luftballon ist als Erster im Ziel?

ab 3 Jahre

mindestens
3 Teilnehmer

drinnen

Luftballons,
1 Schnur

Zunächst legen wir die Schnur auf dem Boden schön gerade als Ziellinie aus.

In einigen Metern Entfernung hocken wir uns nebeneinander hin. Jeder Teilnehmer erhält einen Luftballon, den er vor sich platziert. Auf ein Kommando hin beginnen wir nun, den Luftballon vor uns herzupusten.

Das Kind, dessen Luftballon als Erster die Ziellinie erreicht, hat das Spiel gewonnen. Natürlich wird dann eine Siegerehrung vorgenommen. Ein Schokokuss ist ein „Pokal", der immer gut ankommt! Auch Gummibärchen werden nicht verschmäht.

Luftballontreten

ab 4 Jahre

mindestens
3 Teilnehmer

draußen

Luftballons,
Schnur

Mit Hilfe eines Abzählreims suchen wir den ersten Spieler. Er darf sich nun einen Luftballon auswählen, der an seinem Knöchel festgebunden wird.

Auf ein Startkommando hin, reißt das Luftballon-Kind aus. Die anderen flitzen hinterher und versuchen den Luftballon zu treten, ihn also zum Platzen zu bringen. Das Kind, dem dies gelingt, darf sich als Nächstes einen Luftballon um den Knöchel binden.

Wichtig: Luftballontreten sollte man nur mit Kindern spielen, die keine Angst vor zerplatzenden Luftballons haben! Denn sonst ist der Spaß sehr schnell vorbei!

Hutklau

ab 4 Jahre

mindestens
4 Teilnehmer

draußen

Hüte oder
Mützen

Bei diesem Spiel geht es garantiert ziemlich turbulent zu!
Die Hälfte oder ein Drittel der Kinder bekommt einen Hut
oder Mütze. Diese setzen sie sich nun auf. Auf ein Startkommando hin reißen die Kinder mit Hut aus, und die ohne versuchen ihnen den Hut abzujagen.

Ist der Versuch erfolgreich, so setzt sich dieses Kind sofort
den Hut auf. Wer seinen Hut verliert, versucht nun seinerseits wieder einen zu erjagen.

Als Variante kann man eine Zeit festlegen, in der nach den
Hüten gejagt wird. Ist die Spielzeit vorbei, müssen die Kinder ohne Hut ein Pfand abgeben. Danach wird eine neue
Runde gestartet. Die Pfänder können anschließend in einem
anderen Spiel verlost werden.

Hutstaffel

ab 4 Jahre

mindestens
6 Teilnehmer

draußen

je Gruppe
1 Hut, Eimer,
Kreide

Vor Beginn des Spieles malen wir mit der Kreide eine Start-
und eine Ziellinie auf. Nun werden die Mitspieler in Gruppen
aufgeteilt. Jede sollte mindestens aus drei Kindern bestehen.
Auf die Startlinie legen wir einen Hut, und auf die Zielgerade stellen wir einen Eimer. Der Spielleiter gibt das Startsignal und die jeweils ersten Läufer setzen sich den Hut auf,
rennen zur Zielgeraden, umrunden den Eimer und flitzen
zurück. Am Ziel angekommen, übergeben sie den Hut dem
nächsten Spieler. Dieser setzt ihn auf und läuft los.
Das Spiel ist zu Ende, wenn alle Mitglieder einer Gruppe als
Erstes wieder im Ziel angekommen sind.

Fuchs und Hühner

ab 4 Jahre

mindestens
6 Teilnehmer

draußen

Tücher

Mit Hilfe eines Abzählreimes bestimmen wir, wer als Erstes den Fuchs spielt. Die Hühner, also alle anderen Kinder, bekommen ein Tuch, das sie sich so in die Hosentasche stecken, dass noch ein Zipfel herausschaut. Nun gehen alle Spieler frei herum. Die Hühner fragen dabei den Fuchs: „Herr Fuchs, was fressen Sie am liebsten?" Dieser antwortet dann zum Beispiel: „Gänse, Mäuse, Hasen, Käfer, Salami, Käse" usw. Antwortet er allerdings „Hühner", so müssen alle flüchten. Denn wem der Fuchs seinen Schwanz ausreißt, der muss in der nächsten Runde den Fuchs spielen.

Jägerball

ab 4 Jahre

mindestens
4 Teilnehmer

draußen

1 Ball

Zunächst wählen wir gemeinsam aus, wer als Erstes den Jäger spielen darf. Dieser Spieler erhält den Ball. Die anderen Kinder, die nun die Hasen sind, laufen oder hüpfen fröhlich herum. Der Jäger versucht mit seinem Ball einen Hasen zu treffen. War der Versuch erfolgreich, so muss der Hase augenblicklich sich umfallen lassen. Ein anderer Hase kann ihn wieder zum Leben erwecken, indem er über den liegenden Körper hüpft.
Das Spiel geht solange, bis nur noch ein Häschen übrig ist. Dieses darf in der nächsten Runde die Rolle des Jägers übernehmen.

Schrittball

ab 5 Jahre

Zunächst malen wir mit der Kreide eine Linie und davon, etwa 10 m entfernt, eine weitere. Nun stellen wir uns alle mit dem Rücken zur zweiten an der ersten Linie auf. Davor

beliebig viele
Teilnehmer

draußen

1 Ball,
1 Kreide

steht ein Werfer (oder der Spielleiter), der dem ersten Spieler den Ball zuwirft. Dieser muss ihn fangen und wieder zurückwerfen. Schafft er das, tritt er einen Schritt zurück, schafft er es nicht, muss er einen Schritt vortreten. So kommen nach und nach alle Spieler dran, dann wird beim Ersten wieder begonnen.

Durch das Zurücktreten vergrößert sich der Abstand zum Werfer immer mehr, die Aufgabe wird also immer schwieriger. Wird aber dann die zweite Linie erreicht, so geht es wieder vorwärts und die Rückreise wird leichter.

Der Werfer darf bei diesem Spiel natürlich nicht unfair sein, also nicht die Bälle so werfen, dass sie nicht erreichbar sind!

Kistenfußball

ab 5 Jahre

mindestens
5 Teilnehmer

draußen

1 Ball, 1 Kiste
oder Karton

Für dieses Spiel benötigen wir eine Kiste (zum Beispiel eine Apfelsinenkiste aus dem Supermarkt) oder einen Karton. Machen mehr als fünf Spieler mit, so sollte man zwei Kisten besorgen. Nun brauchen wir noch einen Tennisball – und los geht es!

Ein Mitspieler ist der Kistenwärter. Er muss aufpassen, dass kein Ball in die Kiste gelangt. Zur Ballabwehr dürfen aber nur die Füße verwendet werden! Die anderen Spieler werden in zwei Gruppen aufgeteilt. Die Mannschaft, die in Ballbesitz ist, stürmt mit diesem auf die Kiste zu. Die andere versucht die Kiste zu verteidigen und den Ball wieder abzunehmen.

Vorab sollte verabredet werden, bei wie vielen Toren das Spiel beendet ist. Oder man legt wie beim echten Fußball eine Spielzeit fest.

Reise nach Jerusalem

ab 4 Jahre

6 bis 12 Teilnehmer

drinnen

Stühle, Kassettenrekorder

Vor Beginn der Reise stellen wir die Stühle paarweise mit dem Rücken aneinander. Dabei sollte die Anzahl der Stühle um jeweils zwei geringer sein, als Mitspieler teilnehmen. Machen nur etwa sechs Kinder mit, so sollte jeweils ein Stuhl fehlen.

Nun beginnt die Musik zu spielen, und alle Kinder marschieren dabei um die Stühle herum. Nach eine Weile schaltet der Spielleiter die Musik ab, und jeder Spieler muss sich möglichst schnell einen Stuhl ergattern. Die übrig gebliebenen Kinder scheiden leider aus. Jetzt werden wieder zwei Stühle (bzw. ein Stuhl) weggenommen, die Musik wird gestartet und das Spiel beginnt von vorne. Diese Prozedur wird so lange wiederholt, bis nur noch zwei Personen übrig bleiben.

Handschuh-Spiel

ab 5 Jahre

unbegrenzt

drinnen

pro Mitspieler 1 Paar Handschuhe

Wir setzen uns alle im Kreis auf den Boden. In die Mitte legen wir wild durcheinander alle Handschuhe auf einen Haufen. Nun darf sich jeder Mitspieler einen Handschuh aussuchen und anziehen.

Auf ein Startsignal hin stürzen sich alle Kinder auf den Handschuhberg. Jeder Spieler muss seinen zweiten Handschuh finden, ihn anziehen, sich wieder auf seinen Platz setzen und die Arme in die Luft strecken. Wem dies als Erstes gelingt, ist Sieger.

Eine Variante dieses Spieles könnte folgendermaßen aussehen: Alle Handschuhe liegen auf einem Haufen in der Mitte des Kreises. Nach dem „Startschuss" stürzen sich alle auf die Handschuhe und versuchen ein gleiches Paar zu finden. Auch dann ist derjenige Sieger, der als Erster zwei passende anhat und die Hände hochstreckt.

Aufregende Geschicklichkeitsspiele

Im Alter von drei Jahren beginnt sich in der Regel die Motorik der Kinder zu verbessern. Jetzt können auch schon kleine Dinge gut bedient werden, der Ball fliegt jetzt so, wie er sollte.
Geschicklichkeitsspiele sind sehr spannend für Kinder. Sie freuen sich, wenn Sachen gelingen, die sie zuvor noch nie oder nur mit Hilfe der Eltern gemacht haben. Und sie sind stolz darauf, besser als ihre Freunde zu sein.
Dieses Kapitel liefert Ihnen Geschicklichkeitsspiele, die aufregend sind und zugleich sehr viel Spaß machen – und zwar allen Altersstufen!

Sprungtuch

ab 4 Jahre

mindestens
4 Teilnehmer

drinnen

Luftballons,
weiche Bälle
oder Kuschel-
tiere

Jeweils die gleiche Anzahl an Kindern hält eines der Bettlaken am Rand fest. In das eine Laken legen wir nacheinander einen weichen oder leichten Gegenstand, wie einen Luftballon, einen Ball, ein Kuscheltier oder ein Kissen.
Das Ziel des Spieles ist es, die Sachen von dem einen Bettlaken in das andere zu befördern. Dies gelingt nur durch geschicktes Auf- und Abbewegen des Lakens. Am besten klappt es, wenn sich die Kinder mit den Laken nebeneinander stellen. Und natürlich müssen sie ihre Bewegungen gut aufeinander abstimmen.
Etwas schwieriger wird es, wenn die Kinder mit ihren Bettlaken einen größeren Abstand voneinander halten oder wenn mehrere Gegenstände durch die Luft befördert werden sollen.

Wattepusten

ab 3 Jahre

beliebig viele
Teilnehmer

drinnen

1 Watte-
bausch

Für dieses Spiel setzen wir uns alle rund um einen Tisch. Darauf legen wir in die Mitte einen Wattebausch. Mit Hilfe eines Abzählreimes legen wir dann fest, wer beginnen darf.
Ziel des Wattepustens ist es, den Wattebausch einem anderen Mitspieler zuzublasen. Dieser muss aufpassen, dass die Watte nicht vom Tisch herunterfällt. Das kann er verhindern, indem er sie wieder jemandem anderen zubläst.
Fällt der Wattebausch doch herunter, so muss derjenige, der dies hätte verhindern sollen, ausscheiden oder ein Pfand abgeben. Diese können wir dann bei einem lustigen Pfänderspiel wieder auslosen.

Wanderball

2 bis 5 Jahre

mindestens
5 Teilnehmer

draußen

1 Ball

Bei diesem Spiel können auch die Kleinsten mitmachen. Einzige Voraussetzung ist, dass sie einen Ball schon gut fangen können.
Alle Teilnehmer stellen sich in einen Kreis auf. Der Abstand zwischen den Spielern sollte nicht zu groß sein. Und los geht es! Wir reichen den Ball im Kreis herum; dabei werden wir immer schneller. Wer den Ball fallen lässt, scheidet aus. Klappt das schon sehr gut, so vergrößern wir die Abstände. Jetzt muss der Ball ein wenig geworfen werden, und das Fangen wird schwieriger. So lässt sich der Schwierigkeitsgrad des Spieles immer mehr erhöhen, bis alle Teilnehmer ausgeschieden sind.

Luftballon-Hockey

ab 4 Jahre

mindestens
4 Teilnehmer

draußen

pro Kind
1 Luftballon
und 1 Kochlöffel

Jedes Kind erhält einen Luftballon und einen Kochlöffel. Alternativ kann man für diesen auch eine Papprolle verwenden, die in den Küchenrollen als Verstärker dienen. Mit diesen Werkzeugen bewaffnet stellen wir uns nun alle an einer Startlinie auf.
Auf ein Startkommando hin treiben wir unseren Luftballon mit dem Kochlöffel vorwärts. Machen sehr kleine Kinder bei diesem Spiel mit, so ist die Rennstrecke ein gerades Stück. Sind die Teilnehmer schon älter, so kann man auch Hindernisse aufbauen, um die die Luftballons herumgeführt oder durch die sie geschoben werden müssen.
Gewonnen hat das Kind, dessen Luftballon als Erster die Ziellinie überquert.

Reifenrennen

ab 5 Jahre

beliebig viele
Teilnehmer

draußen

pro Spieler
1 Plastik-
reifen und
1 Stöckchen

Für dieses Spiel benötigen wir große, leichte Hula-Hoop-Reifen, die es in jedem Spielwarenladen zu kaufen gibt. Außerdem sollte eine möglichst ebene Fläche als Spielfeld gewählt werden.

Zunächst legen wir die Rennstrecke fest: Sie sollte zu Beginn nicht größer als fünf bis zehn Meter lang sein. Nun stellen sich alle Kinder an der Startlinie auf. Jeder Spieler erhält einen Reifen und ein Stöckchen. Mit diesem schlagen sie auf ein Kommando hin vorsichtig an den Reifen und bringen ihn so in Fahrt. Während des Rennens müssen die Spieler neben dem Reifen herlaufen und ihn mit dem Stöckchen immer wieder antreiben.

Gewonnen hat der Teilnehmer, der mit seinem Reifen zuerst die Ziellinie überquert.

Schlangenspiel

ab 4 Jahre

beliebig viele
Teilnehmer

draußen

1 Kreide

Zunächst zeichnen wir mit der Kreide eine Start- und eine Ziellinie auf. Die Länge der Rennstrecke sollte je nach Anzahl der Spieler variieren. Alle teilnehmenden Spieler werden auf zwei Mannschaften aufgeteilt. Jeweils der erste Mitspieler kniet sich an der Startlinie nieder, seine Mannschaftskollegen reihen sich hinter ihm auf und fassen mit beiden Händen die Fußgelenke des Vordermanns.

Auf ein Startzeichen hin beginnt das Rennen, und die Schlangen setzen sich in Bewegung. Dies ist leichter gesagt, als getan. Marschiert die Schlange nicht im Gleichtakt, so purzelt immer wieder ein Schlangenglied um. Stürzt gar die gesamte Schlange, so hat automatisch die andere gewonnen. Ansonsten ist diejenige Sieger, die als Erste vollständig die Ziellinie überquert hat.

Eierlauf

ab 5 Jahre

mindestens
2 Teilnehmer

draußen

pro Teilneh-
mer 1 Löffel
und 1 Tisch-
tennisball,
1 Schnur

Dieses Spiel gehört wohl zu den traditionsreichsten. Fragt mal eure Oma, sie hat es bestimmt auch als Kind gespielt! Zunächst legen wir mit der Schnur die Ziellinie fest. Jetzt stellen sich alle Teilnehmer am Start auf. Sie bekommen einen Löffel in die Hand, in den ein Tischtennisball oder ein Stopfei gelegt wird. Auf ein Kommando hin laufen alle Kinder los und versuchen mit dem „Ei" am Ziel anzukommen. Dies ist gar nicht so einfach, denn schon eine kleine Windbö kann den Ball vom Löffel pusten.

Eierlauf kann man auch als Staffellauf oder als Wettkampf jeder gegen jeden spielen. Dem Sieger muss dann allerdings eine stolze Trophäe überreicht werden. Wie wäre es mit einem Schokoei?

Fischer, wie tief ist das Wasser?

ab 3 Jahre

mindestens
5 Teilnehmer

drinnen oder
draußen

⊕ ✎

1 Kreide

Bevor wir mit der ersten Runde dieses Spieles beginnen, zeichnen wir uns mit der Kreide ein Spielfeld in Form eines Rechtecks auf. Dann wählen wir mit Hilfe eines Abzählreims den Fischer aus. Er geht an die eine Längsseite des Spielfeldes, die restlichen Kinder an die andere Seite. Dazwischen die Fläche ist ab jetzt das Meer. Nun beginnt folgender Dialog:

Kinder: „Fischer, wie tief ist das Wasser?"
Fischer: „Hundert Meter tief!"
Kinder: „Wie kommen wir darüber?"
Fischer: „Indem ihr mit beiden Beinen hüpft!"

Der Fischer kann sich natürlich auch andere Aufgaben ausdenken. Hier einige Vorschläge:
– auf dem rechten oder linken Bein hüpfen
– auf dem Bauch oder Rücken kriechen
– auf allen Vieren kriechen
– rückwärts gehen

Der Fischer muss aufpassen, welches Kind als Erstes bei ihm ankommt. Dabei müssen aber die geforderten Aufgaben genau erfüllt werden! Dieses Kind darf in der nächsten Runde der Fischer sein.

Knifflige Ratespiele

Wer kennt dies nicht: Ein Rätsel wurde gestellt und man zerbricht sich fast den Kopf, um die Lösung zu finden. Geht dann plötzlich das berühmte Licht auf, so ist die Freude und Zufriedenheit groß. Dies ist bei kleinen Kindern nicht anders. Sie freuen sich riesig, wenn sie des Rätsels Lösung gefunden haben.

Außerdem regen Ratespiele die Phantasie der Kinder an und ermuntern sie, ihr Wissen zu erweitern – nicht zuletzt durch eine kleine süße Prämie, die dem Sieger doch sicherlich winkt?

Denk mal an!

ab 5 Jahre

mindestens
2 Teilnehmer

drinnen

Bei diesem Spiel soll herausgefunden werden, welchen Begriff oder Satz sich der andere ausgedacht hat. Dabei wird im Prinzip wie bei dem Spiel „Ich sehe was, was du nicht siehst" vorgegangen.

Als Beispiel soll der Begriff „Elfmeter" erraten werden. Derjenige, der sich diesen Begriff ausgedacht hat, beginnt das Spiel mit dem Satz „Denk mal an einen großen Platz mit grünem Rasen!" Der Mitspieler sagt vielleicht Spielplatz oder Fußballplatz. Also macht man weiter: „Denk mal an einen Mann, der darauf herumsteht!" So geht die Raterei weiter, bis das andere Kind den Begriff erraten hat. Dann darf es sich ein Wort oder einen Satz ausdenken, und das Quiz beginnt von vorne.

Stimmen raten

ab 4 Jahre

beliebig viele
Teilnehmer

drinnen

1 Schal oder
Tuch

Wir setzen uns alle im Kreis auf den Boden. Anschließend wird ein Mitspieler ausgewählt, dem wir die Augen verbinden. Er wird mehrmals gedreht und dann in die Mitte gesetzt. Seine Aufgabe besteht nun darin, die anderen Kinder an der Stimme zu erkennen.

In der ersten Runde sagen alle der Reihe nach mit unverstellter Stimme ein Wort. Jetzt ist es noch einfach, den jeweiligen Mitspieler zu erkennen. Im zweiten Durchgang sagen alle den gleichen Satz mit verstellter Stimme. Na, wer war das wohl?

Das Spiel ist weiter ausdehnbar. So müssen die Stimme erraten werden, wenn sie Tiere imitieren, ein Lied singen, Geräusche nachmachen usw.

Reise nach Afrika

ab 5 Jahre

mindestens
2 Teilnehmer

drinnen

Bei diesem Denkspiel muss herausgefunden werden, welche Regel sich der Fragende ausgedacht hat. Zum Beispiel könnte das der erste Buchstabe seines Nachnamens sein. Das Spiel funktioniert jetzt so, dass er laut sagt: „Ich reise nach Afrika und nehme eine … mit!" Da sein Nachname Müller ist, sagt er nun Begriffe, die mit einem „M" beginnen, wie Maus, Matte, Möbel, Muschel, Maske usw. Wer als Erstes die Regel erkannt hat, sagt sie laut. Stimmte sie, so darf dieser Spieler sich eine Regel ausdenken.

Hier eine kleine Liste an Möglichkeiten:

– alles, was schwarz ist

– alles, was hüpfen kann

– Wörter mit Doppelbuchstaben

oder aber:

– egal was, aber man muss sich vorher an dem rechten Ohrläppchen ziehen

– egal was, aber man muss sich zunächst über die Haare streichen

Ich sehe was

ab 4 Jahre

beliebig viele
Teilnehmer

drinnen

Für dieses Spiel losen wir zunächst einen Mitspieler aus, der vor die Tür gehen muss. Dann suchen die restlichen Spieler sich einen Gegenstand aus, der sich in dem Raum befindet. Natürlich kann dies auch eine Person oder ein Tier sein! Nun wird das Kind wieder hereingerufen und wir stellen laut die Frage:
„Ich sehe was, was du nicht siehst, und das ist …"
Für die Pünktchen muss ein Merkmal des Gegenstandes eingesetzt werden, zum Beispiel braun, blau, hart, weich usw. Der Rater versucht nun zu raten, was gemeint ist. Die Mitspieler können natürlich ein bisschen helfen und „kalt", „warm" oder „heiß" rufen.
Wurde das gesuchte Etwas erraten, darf ein anderes Kind vor die Tür und das Spiel beginnt von vorne.

Berufe raten

ab 5 Jahre

mindestens
4 Teilnehmer

drinnen

Zunächst werden die teilnehmenden Kinder in zwei Gruppen aufgeteilt. Die erste Gruppe setzt sich auf den Boden, die andere geht vor die Tür. Dort wird nun gemeinsam überlegt, welcher Beruf pantomimisch vorgestellt werden soll. Danach begibt sich die Gruppe wieder in den Raum und führt den anderen Kindern den erdachten Beruf vor. Diese haben etwa zwei Minuten Zeit ihn zu erraten. Gelingt es ihnen, so bekommt ihre Mannschaft einen Punkt oder noch besser ein Geschenk, zum Beispiel Gummibärchen oder Schokoküsse. Erraten sie den Beruf nicht, so wird der Preis an die andere Gruppe verteilt und diese darf erneut einen Beruf pantomimisch vorstellen.

Kinder raten

ab 5 Jahre

beliebig viele
Teilnehmer

drinnen

Wir setzen uns alle im Kreis auf den Boden. Mit Hilfe eines Abzählreimes wählen wir einen Kandidaten aus, der das Zimmer verlassen muss. Ein anderes Kind verstecken wir zum Beispiel hinter der Tür, unter einem Stuhl oder in einem anderen Zimmer.
Jetzt wird der Kandidat wieder hereingerufen, und er muss erraten, wer fehlt. Kommt er nicht von selbst darauf, so können wir ihm helfen, indem wir ihm verraten, ob es ein Mädchen oder ein Junge ist.
Schwieriger wird dieses Ratequiz, wenn wir auch noch die Plätze tauschen, bevor wir das ratende Kind wieder hereinrufen.

Wer steht hinter dir?

ab 5 Jahre

beliebig viele
Teilnehmer

drinnen

Wir setzen uns alle gemütlich in einen Kreis auf den Boden. Jetzt wählen wir mit Hilfe eines Abzählreims ein Kind aus. Dieses legt dem Spielleiter den Kopf in den Schoß. Der Spielleiter hält ihm die Augen zu und winkt ein zweites Kind heran. Das stellt sich hinter das erste Kind und sagt mit verstellter Stimme:
„Eins, zwei, drei, vier, wer steht hinter dir?"
Das erste Kind muss nun erraten, wer hinter ihm steht. Gelingt dies nicht gleich, so dürfen die anderen Kinder etwas helfen.

Gerüche raten

ab 5 Jahre

beliebig viele
Teilnehmer

drinnen

verschiedene
Dinge mit
typischen
Gerüchen,
1 Tuch,
1 Tablett

Der Sinn dieses Spieles ist es, mit verbundenen Augen verschiedene Gegenstände zu erriechen. Deshalb suchen wir zunächst alle möglichen Sachen zusammen, die einen unterscheidbaren Geruch haben. Dies könnten zum Beispiel sein: Klebstoff, Blumen, Käse, Knoblauch, Zitrone, Muttis Parfüm, Essig, Spiritus usw.

Mit Hilfe eines Abzählreimes wählen wir unseren ersten Kandidaten aus. Ihm werden die Augen mit einem Tuch verbunden. Nun nehmen wir vom Tablett einen „duftenden" Gegenstand und halten ihn dem Kind vor die Nase. Der Spieler muss jetzt daran riechen und sagen, was für eine Sache dies ist.

Nacheinander kommen so alle Kinder dran. Das Kind, das die meisten Gegenstände erriechen konnte, erhält einen Preis.

Was schmeckt so?

ab 5 Jahre

beliebig viele
Teilnehmer

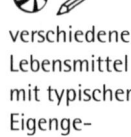
drinnen

verschiedene
Lebensmittel
mit typischem
Eigenge-
schmack,
1 Tuch

Für dieses Spiel müssen wir zunächst diverse Lebensmittel zusammensuchen, die einen typischen Eigengeschmack haben. Hier einige Beispiele: Schokolade, Gummibärchen, Kuchen, eine Scheibe Zitrone, Chips, Nudeln, Milch, Cola usw.

Einem Kind verbinden wir nun mit dem Tuch die Augen. Es wird von uns nach und nach mit den verschiedenen Sachen gefüttert und muss erraten, was es gerade isst oder trinkt. Lustig wird es, wenn wir ihm die Zitrone zum Schmecken geben! Als Nächstes kommt ein anderes Kind dran, bis alle geschmeckt und geraten haben.

Der Spieler, der die meisten Lebensmittel erkannt hat, erhält einen Preis. Natürlich etwas, was er gerne isst, zum Beispiel einen Schokokuss.

Was ist anders?

ab 5 Jahre

beliebig viele
Teilnehmer

drinnen

Bevor wir mit diesem Spiel beginnen, schauen wir uns ganz genau an, welche Gegenstände in diesem Raum sind, wo sie sich befinden und wie sie aussehen. Dann wählen wir mit Hilfe eines Abzählreimes einen Kandidaten aus, der vor die Tür gehen muss.

Nun entscheiden wir gemeinsam, welcher Gegenstand verändert oder woanders hingestellt werden soll. Machen sehr kleine Kinder mit, so sollte die Aufgabe nicht so schwer sein, also eine möglichst auffallende Sache verändert werden.

Wenn wir fertig sind, rufen wir den Kandidaten wieder herein, und er muss erraten, was im Raum anders ist. Kommt er nicht so schnell darauf, so sollten wir ihm helfen, indem wir „kalt", „warm" oder „heiß" rufen.

Anschließend wird ein anderer Kandidat ernannt und das Spiel beginnt von vorne.

Scherzfragen und Rätsel

ab 5 Jahre

beliebig viele
Teilnehmer

drinnen oder
draußen

Scherzfragen oder Rateverse kann man immer dann stellen, wenn die Kinder vom Herumtollen müde sind und eine Verschnaufpause brauchen.

Je nach Alter der Kinder und dementsprechend nach Wissensstand sollten sich die Scherzfragen und Rätsel unterscheiden. Man kann daraus ein allgemeines Quiz machen: Die Fragen werden allen Kindern gestellt. Wer als Erstes die Lösung weiß, erhält einen Preis in Form von Gummibärchen oder Schokoküssen. Dadurch werden die Kinder angespornt, mitzudenken und sich neues Wissen anzueignen. Natürlich darf der Spielleiter beim Erraten des Begriffes ein wenig helfen!

Rätsel und Scherzfragen gibt es sehr viele. Nachfolgend eine kleine Auswahl mit Lösungen:

Rätsel

Wie heißt das Tier, das Tag und Nacht,
so treulich unser Haus bewacht?
(der Hund)

Braun und süß, zerfließt im Mund,
manchmal eckig, manchmal rund.
Nikolaus und Osterhase
isst du gern aus dieser Masse.
Doch nach all dem süßen Essen,
darf man die Zähne putzen nicht vergessen!
(die Schokolade)

In Indien wird er geboren,
hat einen langen Rüssel und große Ohren.
Stoßzähne hat er auch
und einen dicken Bauch.
Ist euch das Tier bekannt?
(der Elefant)

Wer kennt ein Haus aus Heu und Moos?
Es werden darin die Vögel groß.
(Nest)

Ich trage tausend Nadeln her und hin,
obwohl ich doch kein Schneider bin!
(der Igel)

Ich weiß ein Ding, das ist von Leder,
und an den Füßen trägt's ein jeder.
(die Schuhe)

Beine hat's und läuft doch nicht.
Federn hat's und fliegt doch nicht.
Immer steht es mäuschenstill,
weil es nichts als Ruhe will.
(das Bett)

Was ist das?
Wenn es regnet, ist es nass.
Wenn es schneit, ist es weiß.
Wenn es friert, ist es Eis.
(das Wasser)

Wer ist der arme Tropf,
hat keinen Hut und keinen Kopf,
hat dazu
nur einen Fuß und keine Schuh?
(der Pilz)

Welches Tier ist weich und liegt abends in deinem Bett?
(das Stofftier)

Was ist außen hart, innen weich und schmeckt gut?
(das Ei)

Was kann laufen, fliegen und schwimmen?
(die Ente)

Scherzfragen

Was hüpft und hat einen praktischen Beutel?
(das Känguru)

Welches Haus ist ohne Fenster?
(das Schneckenhaus)

Welcher Schuh passt nicht an den Fuß?
(der Handschuh)

Was riecht gut, schmeckt aber fürchterlich?
(die Seife)

Welchen Garten kann man nicht gießen?
(den Kindergarten)

Aufmunternde Spiele am Krankenbett

Es gibt nichts schlimmeres für ein Kind, als das Bett zu hüten. Wird dies durch eine Krankheit verursacht, so hat man schnell ein griesgrämiges oder trauriges Kind. Deshalb ist es wichtig, den kleinen Kranken zu unterhalten.

Die Spiele sollten nicht anstrengen, aber dennoch Ablenkung verschaffen. Und wenn Besuch von einem Freund kommt, so kann dieser gleich mitmachen. Sie werden sich wundern, wie schnell Ihr kleiner Patient wieder gesund wird!

Was ist das für ein Ding unter meiner Decke?

ab 3 Jahre

2 Teilnehmer

drinnen

1 Bettdecke, mehrere Gegenstände

Ein krankes Kind muss meist im Bett liegen. Das folgende Spiel eignet sich dann herrlich für ein wenig Ablenkung. Das Kind, das im Bett liegt und zugedeckt ist, muss seine Hände unter die Decke stecken. Von unten schieben wir ihm nun einen Gegenstand zu. Dies kann ein Ball, ein Apfel, eine Banane, ein Stofftier, eine Zahnbürste, eine Seife usw. sein – passende Gegenstände finden sich mehr als genug. Das Kind befühlt nun das Ding unter seiner Decke und muss erraten, was es ist. Dann darf es den Gegenstand unter der Decke hervorziehen und nachschauen, ob es Recht hatte. Das Spiel können auch mehrere Kinder gemeinsam spielen. Ist der Kranke nicht ansteckend, so ist als Spielplatz das Bett am geeignetsten.

Onkel Otto ist krank

ab 5 Jahre

mindestens 4 Teilnehmer

drinnen

pro Spieler 1 Zündholz-schachtel oder 1 Keks

Dieses Spiel macht auch einem kranken Kind viel Spaß! Zunächst wählen wir aus, wer als Erstes den „Onkel Otto" spielt. Dieses Kind nimmt die Streichholzschachtel oder den Keks in den Mund und sagt: „Onkel Otto ist krank". Darauf müssen die anderen Spieler fragen: „So, was hat er denn?" Der Teilnehmer mit der Schachtel im Mund antwortet nun: „Er hat Zahnschmerzen".
Dann ist ein anderer Kandidat dran, der feststellt, dass Onkel Otto zu den Zahnschmerzen auch noch Kopfschmerzen, Bauchweh, Halsschmerzen usw. hat. Die Liste der festgestellten Krankheiten wird hoffentlich nicht zu grausig! Aber auf jeden Fall wird der Satz länger und länger, das Aussprechen – mit der Schachtel im Mund – immer schwieriger.

Käsekästchen

ab 5 Jahre

2 bis 4 Teil-
nehmer

drinnen

mehrere
Bögen karier-
tes Papier,
Malstifte

Zunächst malen wir auf das karierte Papier ein großes Quadrat oder Rechteck. Jeder Mitspieler darf sich nun einen Stift auswählen. Wichtig ist, dass sich diese farblich unterscheiden.

In das Quadrat oder Rechteck malt nun nacheinander jeder Teilnehmer einen Strich, der so groß wie ein Karo des Papiers ist. Mit der Zeit füllt sich das Papier mit Strichen. Ziel ist es, die kleinen Karos zu Kästchen zu schließen. Wem dies gelingt, darf ein zuvor vereinbartes Zeichen hineinmalen und dann einen zweiten Strich zeichnen.

Nachdem auf dieses Weise alle Karos geschlossen wurden, werden die Kästchen gezählt. Wer die meisten Kästchen geschlossen hat, ist Sieger.

Tipp: Die äußere Umrandung gilt bereits als Strich für die Randkästchen, es müssen dort also nur noch drei bzw. in den Ecken jeweils zwei eingefügt werden.

Dibiebe Bebe-Sprabachebe

ab 8 Jahre

unbegrenzt

drinnen

Was nun gespielt wird, ist eigentlich gar kein Spiel, sondern vielmehr eine lustige „Geheimsprache". Der Vorteil ist: Sie ist sehr einfach zu erlernen.

Die einzige Regel der B-Sprache besteht darin, dass nach jedem Vokal (a, e, i, o, u) ein B eingefügt wird. Nach dem B muss dann noch einmal der Vokal wiederholt werden.

In jedem Wort erscheint also pro Silbe ein zusätzliches B. Na, alles verstanden? Zum besseren Verständnis noch ein paar Sätze in der B-Sprache:

Krabankebe Kibindeber brabaubucheben Ubunteberhabaltubung. Debenn sobonst kobommt abaubuch noboch Labangebewebeibilebe dabazubu. Naba, aballebes veberstabandeben?

Sternchen würfeln

ab 4 Jahre

mindestens
2 Teilnehmer

drinnen

2 Würfel,
Stifte und
Papier

Sternchen würfeln können auch schon kleine Kinder, denn die Regeln sind sehr einfach:

Alle Spieler würfeln der Reihe nach einmal mit zwei Würfeln. Von den Punkten, die gewürfelt werden, zählen jedoch nur die Einser, bei vielen Würfeln die Sternchen – diese werden aufgeschrieben.

Vor Beginn des Spieles sollte festgelegt werden, wie viele Runden gewürfelt werden. Haben alle Spieler das letzte Mal gewürfelt, wird gezählt, wer die meisten Einser gewürfelt hat. Der Sternchen-Champion wird dann gefeiert und erhält einen Preis.

Wörterwurm

ab 5 Jahre

mindestens
3 Teilnehmer

drinnen

Für dieses Spiel müssen die teilnehmenden Kinder schon einen gewissen Wortschatz besitzen. Außerdem müssen sie in der Lage sein, sich eine Weile fest zu konzentrieren.

Und so geht es: Wir wählen einen Spieler aus, der beginnt. Er denkt sich ein beliebiges Wort aus und sagt dies laut. Mit dem letzten Buchstaben muss das nächste Kind ein neues Wort bilden usw. Wichtig ist, dass das Ausdenken und Sprechen recht flott geht.

Hier ein Beispiel:

BücherregaL – LegosteiN – NebeL – LebkucheN – NasenbäR – RiesenwurM – MilchflaschE – ElefanT – TortE – …

Komplizierter wird das Spiel, wenn nur Begriffe einer bestimmten Sachgruppe verwendet werden dürfen. Hier bieten sich folgende an: Tiere, Pflanzen, Städte, Nahrungsmittel usw.

Gesamtverzeichnis der Spiele

Spiele für drinnen

Spiele für draußen